国学品悟大讲堂

GUOXUE PINWU
DAJIANGTANG

孙子兵法与《三十六计》中的大智慧

古为今用，一套对中国学生真正有用的人生讲义

总策划/邢涛　主编/龚勋

让青少年受益一生的心灵鸡汤

汕頭大學出版社

◉ 今天的人们在近百年内所接受的新事物比过去上千年积累的全部还要多，信息的更新速度已经超过了人们的学习速度。一些新知识、新思想还来不及仔细看上一眼就已经开始衰败，迅速成为历史的尘埃。

◉ 然而，那些在中国历史上辉煌过的传统文化却成为中华民族悠久文明的见证，成为民族的印记和符号。怎样让今天的孩子在这个一日千里、瞬息万变的信息时代里继承我们民族文化璀璨夺目的精华部分呢？这是留给今天的教育工作者的重大课题，也是本套丛书的初衷。

◉ 首先，不了解中华古典文化，尤其是不掌握其中的精华，将无从体会中华上下五千年一脉相承的精深大义。其次，《论语》《孟子》《庄子》《史记》《资治通鉴》《孙子兵法》《三十六计》，都是经典中的经典，每一部都能撑起一片广阔的文化天空。而在讲述方式上，娓娓道来的"品读"拂去了学术的长袍，回归经典本身，还原一个个真实亲切的智者，找寻亘古不变的真理，阅读变成一场与智慧大师的心灵对话。

◉ 就让这些映照过繁华盛世的民族文化穿越千年时空，带给当今青少年受益终身的人生智慧。这就是国学的力量。

青少年发展基金会　林春雷

◉ 中华国学源远流长，千年文明积淀了"诸子百家"的思想精粹，成就了"经史子集"的文化大观，孕育了具有独特魅力的民族气质。这是我们中华子孙所能继承的最为珍贵的文化遗产。共享祖先的智慧结晶，研读中华传统国学精华，品悟经世流传的至上真理，含英咀华，对现代人尤其是青少年学生来说称得上一次精神的洗礼。

◉ 在成书过程中，编撰者在精读原典的基础上，将每部著作按照内容重点重新划分篇章，为青少年朋友提取最经典的原著精粹，奉献最精辟的解说注脚，提供最直接的生活指引，给予最贴心的心灵辅导。书中妙语如珠，处处闪现古圣先贤的大智大慧，结合现代人的生存现状，更有睿智独到的见解让人心生感慨，如沐化雨春风。读一段《论语》，领略"万世师表"诲人不倦；念一念《孟子》，体会一代亚圣的微言大义；诵一番《庄子》，品味千年圣者的才智思辨；品一出《孙子兵法》，喟叹兵家决胜千里的气度与韬略……

◉ 这套国学品悟大讲堂系列，一方面提高学生对国学经典的兴趣，了解中华优秀传统文化，更重要的是从中体会为人处世的道理和哲学，古为今用，学以致用，为自己积淀成功的人生。

国家一级语文教师　董　平

知彼知己者，百战不殆。

…【孙子兵法·谋攻篇】…

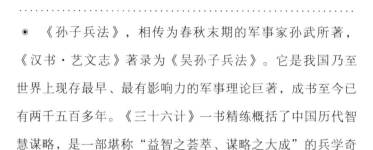

前言

读兵法，学智慧

解读兵法谋略，指导现实人生。

◉　《孙子兵法》，相传为春秋末期的军事家孙武所著，《汉书·艺文志》著录为《吴孙子兵法》。它是我国乃至世界上现存最早、最有影响力的军事理论巨著，成书至今已有两千五百多年。《三十六计》一书精练概括了中国历代智慧谋略，是一部堪称"益智之荟萃、谋略之大成"的兵学奇书，至今无准确年代和撰者可考，历代兵志也未曾收录。

◉　鉴于《孙子兵法》和《三十六计》这两本书所蕴涵的精妙智慧，我们精选其中的精华，编写了《〈孙子兵法〉与〈三十六计〉中的大智慧》一书。本书"名师讲谈"部分，对选取的原文进行了深入的解读和评析，有助于加强读者对原文的理解；而"闲话人生"和"心灵捕手"部分则通过有趣而寓意深远的小故事把深奥难懂的兵法转化为新的思维方法，把军事韬略计谋延伸为实用的处世技巧，侧重于解读古代传世经典对读者生活的指导意义，具有很强的现实性和实用性。希望此书所展示的人生智慧，能帮助读者把兵法的智慧灵活地运用到学习和生活之中，提高处世能力，创造美好人生。

目录

三十六计 | 081~149

《三十六计》是根据中国古代卓越的军事思想和丰富的斗争经验结而成的一部智谋全书，素有兵法、谋略奇书之称。

孙子兵法

运筹帷幄之中，决胜千里之外……

⊙　《孙子兵法》是中国兵学的奠基之作，被后世尊为"兵家圣典""武学奇书""东方兵学鼻祖"。此书以权谋为经线，以战争的一般进程为纬线来谋篇布局，包括计篇、作战篇、谋攻篇、形篇、势篇、虚实篇、军争篇、九变篇、行军篇、地形篇等。《孙子兵法》在军事实践中的运用非常普遍，在整个以冷兵器为主的漫长历史时期，《孙子兵法》一直是军事家必读的教科书。

⊙　到了现代，《孙子兵法》被广泛运用到社会生活的各个领域，不仅是广大读者了解战争、熟悉军事的最佳读本，也已成为政治家的治国方略、哲学家的人生宝鉴、外交家的谈判法宝、文学家眼中的艺术珍品……本章从一个全新的视角对其中精彩的段落进行了品读，希望能够用其指导我们的为人处世，激活我们的智慧潜能，提升自我生存发展的空间。

兵者，诡道也

[原文]……

兵者，诡道也。故能而示之不能，用而示之不用，近而示之远，远而示之近。　选自《孙子兵法·计篇》

　　用兵打仗是一种诡诈的行为。所以，能攻而装作不能攻，要打而装作不要打，要在近处行动而装作要在远处行动，要在远处行动而装作要在近处行动。"兵者，诡道也。"这句话揭示了战争实践的本质。

[名师讲谈]……

　　"兵者，诡道也。"这是兵家圣祖孙武最主要的军事思想。这句话的意思是说，用兵打仗是一种诡诈的行为。可能有些人就要问了，我们做人不是讲究光明正大吗？为什么孙子如此不君子呢？明明要进攻，还要装作不进攻；明明有攻打的实力，却用各种方式告诉对方：我不行，我实在不行！这是不是有些不道德呢？

　　其实并非如此，因为这是战争。你想，如果对敌人讲公平，老老实实地告诉对方，我有多少人马，我驻扎在何处，我什么时候要进攻你，你可要做好准备，那不是傻子吗？你把自己的底都露了，拿什么保护自己，拿什么保卫国家的安全？

　　曹操对这句话有过"兵无常形，以诡诈为道"的注释，但他也曾在用兵的诡诈上栽过跟头。历史上著名的"草船借箭"，借的就是曹操的箭啊！其实不仅是军事中，就是在政权争夺中，也经常用到兵法的诡诈之道。三国时期，魏明帝去世，继位的曹芳年仅八岁，朝政由太尉司马懿和大将军曹爽共同执掌。曹爽是皇亲，用明升暗降的手段夺了司马懿的兵权。而司马懿呢，也不简单，他知道自己暂时斗不过曹爽，就称病不再上朝。当曹爽的亲信李胜到司马家探听虚实时，司马懿装作床也起不了了，话也说不清了，吃药时汤水都从口中流出来。李胜回去向曹爽汇报了自己看到的情形，曹爽就放松了警惕。后来，司马懿乘曹爽出城，占了曹爽大营，诛杀曹爽全家，大权独揽，为建立司马氏的天下打下了基础。这就是典型的"能而示之不能"。

"兵不厌诈"是典型的中国智慧，但诡诈并不是中国兵法的专利。德国近代著名的战争思想家克劳塞维茨在《战争论》中也提到，"战略"一词从语源上讲就与诡诈有关。战争的胜负不是单纯取决于军事力量的强弱，而和两个国家或两个军事集团的政治、经济、文化等多种因素有关，因此除了斗力，还要斗智。因此，将帅才需要用各种手段隐蔽自己的企图，迷惑引诱敌人，给对方造成错觉，以便"出其不意，攻其无备"。

[闲话人生]……

乞丐的理想　一个乞丐懒洋洋地斜躺在墙角。有一天，一个律师忽然来找他，对他说："先生，您的一个远方亲戚不久前去世了，留下了

3000万美元的遗产，而您是这笔遗产的唯一继承人！"

一瞬间，这个一无所有的乞丐变成了富翁！律师好奇地问："请问，您得到这笔3000万的遗产后，最想做的是什么事呢？"

乞丐开心极了，一脚把面前的破碗踢飞，回答道："我打算马上去买一只像样一点的碗，再去买一根漂亮一点的棍子，这样我就可以像模像样地讨饭了！"

[**心灵捕手**]……

不要让思维僵化

诡诈是用兵之道，但不是为人之道。毕竟生活不是你死我活的战争，别人也不是我们的地狱。如果处处设计、时时防范，那人就会活得很累。如此说来，是不是这些兵法计谋就和我们的生活、思想无关呢？也不是。上面小故事中的乞丐得到了一大笔遗产，仍然想着乞讨，束缚他、捆绑他的，就是他僵化的思维方式啊！

当人长期处于一种环境、从事一种工作时，其思维方式也会慢慢僵化，最后成为束缚他的力量，对此我们要有足够的警惕，不断地求新求变，从而让自己充满活力，充满激情。从书本中得到的理论知识，还要运用到我们的生活中。现在，我们就来一个脑力激荡，看看是什么束缚了我们，让我们无法发挥出自己最大的潜力。

多算胜，少算不胜

[原文]……

夫未战而庙算胜者，得算多也，未战而庙算不胜者，得算少也。多算胜，少算不胜，而况于无算乎！吾以此观之，胜负见矣。 选自《孙子兵法·计篇》

在开战之前，"庙算"能够胜过敌人，是因为筹划周密、胜利条件充分；在开战之前，"庙算"不能胜过敌人，是因为筹划不周、胜利条件不足。筹划周密、胜利条件多，可能胜敌；筹划有疏漏、胜利条件不足，就会失败，根本不筹划、没有决胜条件的就不必再提了！我们根据这些方面来观察，就可以看出谁胜谁负了。

[名师讲谈]……

"计"篇的主题是"庙算"。孙子认为，庙算最终能否胜过敌人，在于筹划是否周密、胜利的条件是否充足。

从夏朝开始，国家凡是遇到战事，都要到祖庙向老祖宗汇报，并在庙堂占卜吉凶，祈求神灵护佑，以巫术假托神的旨意迫使人们进行战争。这是"庙算"这个词的由来，也是它的原始形态。到了春秋时期，"庙算"实际上已成为在庙堂召开"作战会议"、研究克敌制胜方略的代名词了。兵家把"庙算"作为战略概念使用的时候，已经没有丝毫香火气，而成为一次理论的升华。

孙子强调，在战前必须周密分析敌对双方的各种条件，研究决定作战大计。他认为，必须从道（政治）、天（天时）、地（地利）、

将（将帅）、法（法制）"五事"和"主孰有道，将孰有能"等"七计"认真地分析比较，探索敌对双方的优劣长短，这样，才可以预知战争的胜负。曹操在注《孙子》时也说："选将、量敌、度地、料卒、远近、险易，计于庙堂也。"也就是说，要在战争之前就选好将领、了解敌人，得知战争的时间地点，并对战争的难易有所估计。

汉高祖十一年（公元前196年），曾为汉朝的建立立下大功的淮南王英布起兵反汉，汉高祖刘邦向汝阳侯夏侯婴的门客薛公询问对策。薛公对刘邦说，汉军必胜无疑。刘邦很奇怪，问为什么。薛公给刘邦分析英布可能采取的几种作战方式，然后根据英布的性格特点断言英布必然会东取吴、西取下蔡，将重兵置于淮南。最后，薛公建议刘邦长驱直入。刘邦欣然接纳了薛公的建议，同年十月亲率十二万大军征讨英布，果然大获全胜。在此战例中，刘邦和薛公在战前已经分析了英布的性格，以及性格导致的行事特点，并做好了行军的准备。有了这样周密的部署和安排，刘邦当然会胜券在握。

高明的战略家和指挥官，能够"运筹于帷幄之中，决胜于千里之外"。其成功的关键就在于"庙算",即事先的谋划筹措、分析研究,根据客观条件制定切实可行、行之有效的战略战术。军事中如此,现代企业的竞争中乃至我们的日常生活中,又何尝不是如此呢?

[闲话人生]……

乞丐和老人 从前,有两个乞丐是好朋友,他们好几天都没有讨到东西了。正当饥肠辘辘的时候,他们遇到一位慈祥的老人,老人把一根鱼竿给了一个乞丐,把一篓鱼给了另一个乞丐,让他们渡过难关。

"我可以吃鱼啦!"得到鱼的乞丐喜出望外,就在原地用干柴烧起火烤鱼吃。他狼吞虎咽,不久就把鱼吃了个精光,后来就被饿死了。

得到鱼竿的乞丐也很高兴。他拎着鱼竿忍饥挨饿,一步步艰难地向海边走去,可当他好不容易看到不远处那片蔚蓝色的海洋时,已经精疲力竭,最终带着无尽的遗憾撒手人寰。

这两个乞丐不知道,另外两个乞丐也得到过这位老人同样的恩赐,只是他们并没有各奔东西,而是商定共同去寻找大海。他俩每次只烤一条鱼,经过遥远的跋涉,来到了海边,开始了捕鱼为生的日子,过上了幸福安康的生活。

[**心灵捕手**]······

计划决定人生

　　故事中的前两个乞丐在得到鱼竿和鱼后，毫不计划就开始行动，结果都被饿死了，而后两个乞丐先商量怎样行动对大家都有利，从而齐心协力渡过难关。故事是虚构的，但做事前进行计划的重要性不言而喻。

　　战争前的筹划决定着战争的胜败，而生活中的计划则决定着我们做事的成功与否。计划有长期和短期之分。长期的计划往往只是一个大体的目标和规划，而短期的计划则可以很详细。比如一个月后就要考试了，那么你就应该为这一个月的学习定一个详细的计划，规定自己在哪些时间看哪些书、做哪些题，在什么时候开始最后的冲刺。

　　不过有一点可要记住，没有执行的计划可不能给你带来成功！一般人很容易犯这种错误，就是计划定得好好的，但最后却没有执行，最后还说"定计划没用"。其实不是定计划没用，而是定了计划不执行等于没有计划。想想看，如果在战争中，定了作战计划却没有认真执行，很可能会带来严重的后果，在生活中也是如此。

兵闻拙速，未睹巧之久也

[原文]……

故兵闻拙速，未睹巧之久也。夫兵久而国利者，未之有也。故不尽知用兵之害者，则不能尽知用兵之利也。 选自《孙子兵法·作战篇》

这段话的意思是说，用兵打仗只听说过宁可指挥笨拙也要求速胜的，没见过只讲指挥技术而求打持久战的。战事久拖不决而对国家有利的情况从来也没有过，所以，不能完全了解用兵的害处的人，就不能完全了解用兵的好处。

[名师讲谈]……

我们常说"兵贵神速"，这是就两军对垒时一定要抢到先机而言。战争的胜败依赖于充分的准备、有效的实施，而这都需要一定的时间，如果运用时间能够超乎常情，就是"神速"。

但是，"故兵闻拙速，未睹巧之久也"这句话还不仅仅是"兵贵神速"的意思。战争是社会物质财富的巨大消耗，在生产力低下的古代社会尤其如此。隋炀帝两次东征高丽，闹得全国上下民穷财尽，以致"盗贼"蜂起，社会动荡不安，便是一个典型的例证。孙子从战争对人力、物力、财力的依赖关系出发，提出"兵贵胜，不贵久"的速胜思想，并认为不了解用兵之害的人无法了解用兵之利，这是非常具有前瞻性的。

战争的目的是获得胜利，而不是持久的迟疑不决的消耗。大量的消耗最终都要转嫁到民众身上，这必然会导致民怨沸腾。因此，古今中外的军事首领都主张速战速决。

三国时，袁绍兵败官渡，呕血死去。他的两个儿子袁熙、袁尚投奔了乌桓的蹋顿单于，准备东山再起。曹操为巩固北部边疆率军远征乌桓，由于人马多，粮草辎重多，行军速度很慢。谋士郭嘉向曹操进言："俗话说，兵贵神速。我们只有迅速接近敌人，才能取胜，否则敌人就会做好准备啊！"曹操觉得郭嘉说得不错，就亲率几千精兵日夜兼程，突然出现在距蹋顿的老窝柳城仅一百里的白狼山，与蹋顿的几万名骑兵相遇。虽然敌我力量相差悬殊，但蹋顿的骑兵丝毫没有防备，而曹军士兵无不以一当十，最后取得了胜利。

曹操远征乌桓的故事再次告诉我们，神速是军队获得胜利的秘诀。李贽在《孙子兵法》这段话下面注："宁速毋久，宁拙毋巧；但能速胜，虽拙可也。"就是说，在军事上，只有老老实实地快，没有聪明机灵地慢。

[闲话人生] ……

鞋带的故事 从前，有两个人在森林里散步，忽然发现远处有一只老虎。两人吓得目瞪口呆，片刻以后，一个人忙弯下腰开始系鞋带。

另一个人很奇怪，问："你系鞋带干吗啊？难道还能跑得过老虎吗？"

系鞋带的人说："我当然跑不过老虎，但只要我跑得比你快就行了！"

转眼间，这个人就跑得无影无踪，而另一个人则被老虎吃了。

[心灵捕手] ……

跑在别人前面

人们常说，时间就是金钱，效率就是生命。什么是效率？单位时间的工作量就是效率。如果一个企业在同样的时间里生产比别人更多的产品，就意味着它能获得更高的利润；如果我们能够在同样的时间里学到更多的知识，那么我们就可以比别人更快地抵达成功。故事中的两个人形象地告诉我们效率是多么重要。

在现实生活中，速度往往是和"巧"连在一起的。例如，爱迪生曾让助手量一个没上灯口的空玻璃灯泡的容量。助手从半径到周长一一埋头苦算。爱迪生看见后，拿起那个空灯泡，斟满了水，倒在量杯里，立刻知道了灯泡的容量。从中我们可以看出，提高办事效率的方法之一，就是找到最巧妙的方法。

现代社会中，一个重视速度、强调效率、思维敏捷的人更能把握机会，获得成功。想一想，我们平时的办事效率又如何呢？

取用于国，因粮于敌

［原文］……

善用兵者，役不再籍，粮不三载；取用于国，因粮于敌，故军食可足也。 选自《孙子兵法·作战篇》

善于用兵的人，兵员不一再征集，粮秣不多次运送；武器装备从国内取用，粮秣在敌国就地解决，这样，军队的粮草就可以充足供应了。孙子提出"因粮于敌"的观点，是为了解决战争需要和后方补给困难之间的矛盾。

［名师讲谈］……

在人类历史中，战争是不可避免的。打仗要有人，有战马，有拉辎重的牛，还要有甲胄弓矢、戈矛剑戟。而且人要吃饭，马牛要吃草料，作为战争的指挥者，这些都是不得不考虑的大事。

孙子提出"役不再籍，粮不三载"，是因为一再征兵，必然会导致百姓的不满，多次运送粮草也费时费力，那怎么办呢？孙子果断地说，"因粮于敌"，也即从敌人那儿"拿"。战争是为了打击敌人、保存自己，我们从对方那儿"拿"到粮草，不仅充实了自己，还消耗了敌人，实在是一举两得、有利无害。

在我国古代描写战争的小说中，经常可以看到"兵马未动，粮草先行"的话，足以说明粮草在战争中的重要。作为将领，对此必须得有足够的重视。魏明帝太和五年（公元231年）二月，蜀国丞相诸葛亮率十万大军攻伐魏国，兵至祁山，见魏军早有防备，便留下一部分人守卫祁山大营，自己则率领姜维、魏延等将领直奔陇上——上邽。

诸葛亮干什么去了？抢粮食去了！当时陇上的麦子已经成熟，而蜀军的粮草已经不够了，与其从蜀国运送，不如就近取材。诸葛亮赶到上邽，上邽魏将费曜出兵迎战，姜维、魏延奋勇向前，费曜大败而逃。诸葛亮乘机命令三万精兵把陇上的新麦一割而光，然后运到卤城（今甘肃省天水市西北）打晒去了。这样，蜀军虽然是远军作战，但因为诸葛亮采取了"因粮于敌"的策略，所以避免了断粮的危险。

其实，"因粮于敌"的"粮"，还不仅仅指粮草，也指武器辎重。像诸葛亮草船借箭，就是"因粮于敌"在战争中的具体应用。

[闲话人生]······

猴子与草帽 从前，有一个卖草帽的人，有一天他走了很长的路，又累又热，就在路边的一棵树下睡着了。等他醒来，发现身旁的草帽都不见了。原来，树上有很多猴子，它们悄悄偷走了草帽，正在树上戴着草帽玩耍呢！

怎么办呢？这人突然想起猴子爱模仿人，就当着猴子的面把自己头上的草帽扔在地上。这一招真管用，猴子也都把草帽扔了。这人拣起草帽，可高兴了，回家后把这事告诉了他的儿子和孙子。

许多年过去了，他的孙子继承了家业，也以卖草帽为生。有一天，他孙子也在那棵大树下睡着了，旁边放着草帽，醒来后发现他的草帽也被猴子偷去了。这时，他想起爷爷说过的事，也把自己的草帽扔在地上，可猴子竟然没学着他做，反而瞪着他上下看个不停。

一会儿，猴王出现了。它敏捷地跳到地上，抢走地上的那个草帽，说："开什么玩笑！你以为只有你有爷爷吗？"

[心灵捕手]······

取之于敌，胜之于敌

在上面这个小故事中，聪明的猴子吸取了前人的教训，而人却停留在以前的经验上，结果可想而知，汲取经验的取得了胜利，停滞不前的受到了捉弄。如果我们用战术的方法去分析，我们会发现，猴子的做法和"因粮于敌"不谋而合，即"取之于敌，胜之于敌"。

其实，不但在战争中可以运用这个战略，在我们的学习生活中也完全可以采用这样的办法。比如遇到问题，我们完全可以先想想，身边有没有发生过类似的事情，他们是如何面对、如何解决的？然后，再从他人的处理方法中选择最适合自己的方法。这也是俗话所说的"借米下锅"，即综合运用他人的物力、财力甚至智慧、方法，为自己服务。🔲

胜敌而益强

[原文]······

故杀敌者，怒也；取敌之利者，货也。故车战得车十乘已上，赏其先得者，而更其旌旗，车杂而乘之，卒善而养之，是谓胜敌而益强。 选自《孙子兵法·作战篇》

要使将士英勇杀敌，就要激起他们对敌人的仇恨；要想夺取敌人的资财，就要用财货奖赏士卒。所以在车战中，凡是缴获战车十辆以上的，就要奖赏最先夺得战车的人，并且更换战车上的旗帜，将其混合编入己方车队之中，对俘虏来的士卒要予以善待和使用，这就是所谓的战胜敌人而使自己愈加强大。

[名师讲谈]······

在《孙子兵法·作战篇》中，孙子提出了"胜敌而益强"的观点，即通过把敌人的军需物资"消化"为自己的，对战俘进行善待和使用等手段，来削弱敌人，壮大自己，拉大敌我双方的战斗力差距，从而获得全局的胜利。

如果我们对古代的战争有所了解，就可以看出孙子提出"卒善而养之"这个观点是非常不容易的。古代战争为了杜绝后患，破城后一般都要屠城，俘虏都被活埋。长平之战中，白起俘虏赵卒四十万，

除了把年幼的二百四十人放了外，其余的都被活埋了。这听起来很残忍，但是几十万人，吃住、医疗怎么解决？白起说"赵卒反覆。非尽杀之，恐为乱"，也是实情。

总之，"车杂而乘之"比较容易做到，"卒善而养之"则很难。提出这种观点，不仅需要有对战争本质的深入了解，还要有争取"全胜"的思想基础。在历史上，这么做的将领也不乏其人，唐朝的李愬就是其中之一。

唐宪宗元和九年（公元814年），彰义节度使吴少阳去世后，其子吴元济借机反叛朝廷，唐宪宗遂命唐州节度使李愬平定叛乱。当时唐军将士普遍惧战，士气低落。李愬首先慰问将士，让部队进行休养。经过几个月的修整，西路官军已经可以作战了，李愬便着手进攻蔡州。

一天，李愬的部将生擒吴元济的猛将丁士良。李愬令部下给丁士良松绑，并对丁士良委以重任。丁士良感激李愬的再生之恩，甘愿以死相报。

李祐也是吴元济的一员猛将。一天，李愬趁其率领士卒割麦之际，设下三百伏兵，活捉了李祐。由于李祐在以往的战斗中杀死了不少唐军官兵，众将士纷纷要求把他杀死。但是李愬劝退众将，亲自为李祐松绑，待为上宾，并给朝廷上了一道密奏，请求唐宪宗下诏赦免了李祐。李祐见李愬如此优待自己，心甘情愿归降，与李愬一起筹划攻取蔡州。没多久，李愬采用李祐的计策，雪夜攻破了蔡州。

李愬很好地运用了《孙子兵法》中"卒善而养之，是谓胜敌而益强"的思想，优待和使用战俘，从而壮大了自己的力量。但我们也不能据此就认为李愬比白起高尚，"消化"四十万俘虏和劝降一个俘虏的难度是不同的，如果让李愬面对四十万没有真正归降的战俘，估计也不会比白起好到哪儿去，这就是战争的残酷。

[闲话人生]……

枯井中的驴子 有一天，一头驴子不小心掉进一口枯井里，驴子的主人想救出驴子，但枯井很深，几个小时过去了，驴子还在井里痛苦地哀嚎着。最后，农夫决定放弃，请来左邻右舍帮忙，想把驴子活埋了，以免它死得太痛苦。

农夫的邻居们开始将泥土铲进枯井中。当驴子意识到主人的目的时叫得更加凄惨了，但出人意料的是，不一会儿，这头驴子就安静下来。农夫好奇地探头往井里一看，不禁又惊又喜。原来，当铲进井里的泥土落到驴子的身上时，驴子马上将泥土抖落下去，然后站到泥土上面！

就这样，驴子一点一点地站高，在众人的欢呼声中跳出了井，快步跑开了！

不要被"泥沙"埋住

　　掉进枯井中的驴子最终获救，是因为它把人用来埋它的泥土当做了垫脚石。驴子这样做，很可能只是一种本能，作为人来说，我们可以有意识地行动，找更多的"垫脚石"，从而让自己站得越来越高。

　　这"垫脚石"可以是具体的东西，也可以是抽象的知识。现在是一个知识膨胀、信息高度发达的时代，我们需要学习的东西很多，所以是否能真正"消化"这些知识，是非常关键的事情。

　　孙子所谓的"胜敌而益强"，是建立在"因粮于敌""车杂而乘之，卒善而养之"的基础上的。在学习中举一反三、融会贯通，让知识真正成为自己的东西，也就等于是"胜敌而益强"了。如果我们不能真正掌握所学的东西，让它为我所用，知识就会像时时都准备着反叛的俘虏一样，牵制我们的行动。

　　要避免被"泥沙"埋住的危险，首先我们得有征服"泥沙"的勇气，不要被庞杂的知识吓住，其次还得有行动的力量，及时消化所学的知识，成功地站在"泥土"的上面。🔲

不战而屈人之兵

[原文]……

是故百战百胜，非善之善者也；不战而屈人之兵，善之善者也。 选自《孙子兵法·谋攻篇》

　　这句话的意思是说，百战百胜，不算是最好的结果，不战而使敌人屈服，才算是最好的结果。从中可以看出，孙子并不推崇用武力来使敌人屈服，他认为运用政治、外交谋略来取胜于敌才是上上之策。

[名师讲谈]……

　　在《谋攻篇》中，孙子提出了"上兵伐谋，其次伐交，其次伐兵，其下攻城"的思想，也就是说，最好的用兵方法是以谋伐敌，即用计谋使敌人屈服，其次是通过外交手段取胜，再次是使用武力战胜敌人，最下策才是攻城。这也正是"不战而屈人之兵"的具体阐释。孙子这种"全胜"战略思想的提出，是军事思想史上的独创，有很强的现实意义。

　　一般的军事将领都认为，将军的功勋应该在战场上建立，其实这是一种很自私的想法。古人早就说过，"一将功成万骨枯"，任何战争都会有人员伤亡，即使是正义的战争，也会让生灵涂炭，所以能避免就尽量避免。基于此，孙子认为，要战胜敌国、扩展领土，不能仅仅依靠"攻城"，而应以实力为后盾，全面地运用政治、外交等各种手段来降服对方，这才是上上之策。

真正杰出的军事将领都不是盲目追求战功的人，像刘邦的大将韩信就是一个典型的例子。楚汉相争时，韩信率领三万大军，用几个月的时间消灭了魏国、代国，并击溃赵军，活捉了赵国的谋士李左车。韩信知道李左车是个很有谋略的人，因此亲自为李左车松绑，并虚心请教如何才能击败燕国，而又避免大规模的人员伤亡。李左车建议韩信派使者去燕国，晓以利害，燕国慑于韩信灭魏、代、赵的余威，将会投降。韩信依计行事，燕王权衡利害后同意归降。就这样，韩信依靠"伐交"，只凭一封书信就顺利地拿下了燕国，成为"不战而屈人之兵"的典范。

"不战而屈人之兵"，重点还是在"屈人之兵"上，如果不能用非武力的方式"屈人之兵"，那么还是得战。按孙子的观点，"伐谋""伐交"是优于"伐兵""攻城"的，但要用"伐谋""伐交"的手段来"屈人之兵"，即需要谋略，更需要有对整体局势的判断和对对方的了解，否则"屈人之兵"只能是空谈。

[闲话人生]……

因为我最了解他的心　一把坚实的大锁挂在大门上，一根铁杆费了九牛二虎之力，还是无法把它撬开。

这时钥匙来了，它瘦小的身子钻进锁孔，只轻轻地一转，大锁就"啪"地一声开了。

铁杆很奇怪，问道："我费了那么大的力气撬不开的锁，怎么你不费吹灰之力就打开了呢？"

钥匙说："因为我最了解它的心。"

[**心灵捕手**]……

找到合适的钥匙

钥匙看起来比铁杆要小很多，但因为它清楚锁的内部构造，就能轻而易举地做到铁杆做不到的事。

我们日常与人的交流沟通就是不断"开锁"的过程。一把钥匙开一把锁，只有找到了合适的钥匙，才能打开那把看起来无法松动的锁。也就是说，我们不管和什么人交往，都需要真正了解对方的所思所想，然后再对症下药，否则就可能事与愿违。

比如说，一个朋友考试失利，你觉得自己有责任督促他，因而一直在提醒朋友，说他应该如何如何。这时朋友突然开始反击，说我觉得自己考得还不错。你可能会很委屈，觉得自己好心没好报。其实你不了解，这个朋友非常清楚自己该做些什么，他此时很难过，只希望得到你的安慰。

其实，我们对交往对象心理的了解把握，与战争中对敌方的明察秋毫有着相似之处。对敌方的情况了若指掌，可以"不战而屈人之兵"；对别人的心思多一分了解体谅，就可以让自己成为一个受欢迎的人。🀄

杀士三分之一而城不拔

[原文]……

将不胜其忿而蚁附之，杀士三分之一而城不拔者，此攻之灾也。 选自《孙子兵法·谋攻篇》

　　孙子认为，主将控制不住自己忿怒急躁的情绪，驱使士卒冒险爬梯攻城，士卒伤亡惨重，而城还是攻不下来，这就是攻城的灾难。这也是孙子提出"不战而屈人之兵"的原因之一。

[名师讲谈]……

　　孙子把"全胜"作为最理想的结果，所以认为伐谋、伐交是上策，伐兵为次，攻城是最下策，是不得已的办法。长期的围攻，城内没吃的没烧的，而城外的人呢，也会焦躁不安。此时，当主将失去冷静理智的判断，驱使士兵冒险进攻，伤亡惨重而达不到目标时，攻城就成了一种灾难。

　　其实客观来说，如果双方势均力敌，攻城的一方是占据着有利形势的，因为他的军需物资还能得到有效的补给，实在不能攻破时也还能一走了之。但是在久攻不下时，主帅不能控制自己忿怒急躁的情绪贸然行动，整个军队就可能会伤亡惨重。

　　古代战争更多地依赖人力，所以将帅起着很大的作用，个人的修养至关重要。隋朝末年，礼部尚书杨玄感起兵造反，远征高丽的隋炀帝回师救援，杨玄感只好放弃进攻洛阳的计划，率大军向潼关疾进，想以关中为落脚之地，再伺机东进。弘农太守杨智积清楚，弘农（今河南省陕县）是杨玄感大军取潼关的必经之路，但是仅凭自己的力量无法与杨玄感对抗，就想让杨玄感滞留弘农，等待援军。

于是，当杨玄感率大军经过弘农时，杨智积高高地站在城头，对着杨玄感破口大骂。杨玄感勃然大怒，不顾手下将士的劝告，命令大军停止前进攻城。但因为杨智积早有防备，所以一连三天过去了，城仍未攻克。而此时，隋炀帝的追兵已接近弘农。杨玄感这才慌忙收兵，向潼关进军，但为时已晚。隋炀帝的大军在潼关外追上了杨玄感。杨玄感连战连败，最后兵败身亡。

虽然孙子论述的是攻城的谋略，但我们仍然可以看到，古代战争的成败与人的因素紧密相关。将帅是否能准确地判断决策，是否能控制自己的不良情绪，都会直接影响到战争的成败。

[**闲话人生**]······

剑客的故事　欧玛尔是英国一个著名的剑客，他曾与一个与他势均力敌的剑客比试，斗了三十年仍然不分胜负。

在一次决斗中，那个剑客不小心从马上摔了下来，欧玛尔持剑跳

到他身上，一秒钟就可以将他杀死。但是那个剑客忽然向欧玛尔脸上吐了一口唾沫。欧玛尔愣了一下，停住了，对那个剑客说："你起来吧，我们明天再打。"

那个剑客疑惑地问为什么。欧玛尔说："自练剑以来，我一直在修炼自己，让自己在用剑时不带一点儿怒气，所以我才能保持长胜不败。但是刚才你向我吐唾沫时，我的心中已经动了怒气，如果这时杀死你，我就再也找不到胜利的感觉了。所以我希望明天重新比试。"说完，欧玛尔就平静地离开了。

[心灵捕手]……

不怒则无敌

故事中的欧玛尔及时觉察到了自己愤怒的情绪，并马上控制住了自己，这源于他长期以来对自我心性修炼的重视。

愤怒会让人失去理智，并导致失败。剑客如此，将帅如此，普通人也如此。当一个人怒气冲天的时候，就很难冷静地思考、理智地判断，这种怒气会让他的智慧和能力大打折扣，而所有事情的结果也必将向不利于他的方向发展。

不管做什么事，只有始终保持自己心态的平和，才能做到最好。但是，时刻保持理智、不轻易发怒也是需要自觉的努力的。不良情绪也有一个酝酿和爆发的过程，如果我们时刻意识到应该克制自己的不良情绪，就能在起心动念间辨认出这些让自己失去理智的"敌人"，并及时加以控制和疏导，以免酿成更大的灾难。

小敌之坚，大敌之擒也

[原文]……

故用兵之法，十则围之，五则攻之，倍则分之，敌则能战之，少则能逃之，不若则能避之。故小敌之坚，大敌之擒也。 选自《孙子兵法·谋攻篇》

这段话说，在用兵打仗的时候，如果自己的兵力是对方的十倍，就要实施四面包围的策略，让敌人屈服；如果自己的兵力是对方的五倍，就要主动进攻敌人；如果自己的兵力是对方的两倍，就要设法分散敌人；如果敌我双方力量相等，就要设法战胜敌人；当自己的兵力比对方的少，就要善于摆脱敌人；如果己方各方面条件均不如敌人，就要设法避免与敌交战。弱小的军队如果只知道坚守硬拼，就会被强大的敌人所俘虏。

[名师讲谈]……

孙子认为，在双方实力对比情况不同时，应该采取不同的作战方式，并且对此进行了具体的论述，比如说，如果自己的兵力是对方的两倍，就可以像吃一块大蛋糕一样，把对方的兵力分割开，一块一块地吃掉；但当自己的实力不如对方时，就不能硬战。

战争是作战双方实力的比拼，因而讲自己拥有多少绝对兵力是没有意义的。对此，《战国策·赵策三》中有过精彩的论述。齐将田单对赵将赵奢说，古代的帝王，可用的士卒不超过三万，依然可以让天下归附，而您一定要有十万、二十万士卒才敢打仗，这没法让我服气。赵奢

反驳道，现在的城大都上千丈，人口有上万家，远远超过古代的规模，如果只用三万人，连一个城角都围不住啊！赵奢说得没错，不能光看我有多少兵力，而要看对方有多少兵力，我的兵力和对方相比是不是占有优势。

其实，上面的对话中，赵奢举了一个最需要具有优势兵力的例子，即围攻。就围攻的一方来说，兵力得远远超过对方，那么兵力不足的一方呢？也得有法可依啊！对此孙子也说了，"少则能逃之，不若则能避之"，否则，"小敌之坚，大敌之擒也"。也就是说，打不过就逃，不能硬拼，否则就要被敌人俘虏。毛泽东对此做过很精辟的总结论述：打得赢就打，打不赢就走。

李续宾是晚清的湘军将领。公元1858年，他率领军队向安徽舒城以东的三河镇进发，准备进攻太平军占领的庐州城。三河镇是庐州西南的重要屏障，也是太平军坚固设防的军事要地。在得知湘军进犯的消息后，太平军将领陈玉成、李秀成部马上率军增援。此时，太平军兵力有李续宾的十倍之多。部下建议李续宾退守桐城，从长计议，但李续宾一意孤行，率精兵六千分三路进攻三河镇，企图侥幸取胜。面对孤军深入的李续宾，陈玉成以少数兵力正面迎敌，而其主力则从湘军左翼抄其后路，击溃了左路湘军，乘胜切断了湘军中路和右路部队的退路。这时，李秀成部太平军、三河镇内的太平军守军也都赶来参战。李续宾陷入太平军的重重包围之中，全军覆没。

用兵打仗靠的是智慧，而不是匹夫之勇，李续宾在强大的敌人面前蛮打硬拼，到头来还是自己吃亏。所以，《孙子兵法》告诫人们"不若则能避之"。实力差一点，可以躲；差太多，只能逃，这只是策略，无关乎勇气。

[闲话人生]……

一秒钟车一个 一个小伙子刚到工厂做车工时，师傅要求他每天车完三万个铆钉。一个星期后，小伙子疲惫不堪地找到师傅，说干不了这活儿。

师傅问他："如果让你一秒钟车完一个铆钉，你觉得能办到吗？"

小伙子点点头说："这很容易啊！"

师傅给他一块表，说："那好，从现在开始，你就一秒钟车一个，别的都不用管，看看你能车多少吧！"

小伙子照师傅说的干了起来，一秒钟就车一个，结果一天下来，他不仅圆满完成了任务，而且还不觉得累。

[**心灵捕手**]······

灵活地处理问题

在战场上，固守一种思维模式，一成不变地对待敌人是要挨打的，为此，孙子讲了在不同情况下应该采取的不同策略，从中我们能看出审时度势的重要。

其实在现实生活中，审时度势也是必须的。当我们对自己解决问题的能力有足够的把握时，可以"围之""攻之""分之""战之"，而当我们感觉自己无法驾驭面临的困难时，可以暂时地退一步、放一放再说，这和"打得赢就打，打不赢就走"是一个道理。当然，"走"不是最终的结果，而是积蓄力量，当自己有足够的能力时再来解决这一问题。

办事情是要讲究策略和方法的，当你所用的方法正确时，就可以事半功倍，很轻松地解决问题。就像故事中的小伙子，把看来很大的困难切割开，一秒钟车一个铆钉，就很轻松地完成了一天的工作。这和孙子所说的"倍则分之"是一个道理啊！📖

乱军引胜

[原文]……

故君之所以患于军者三：不知军之不可以进而谓之进，不知军之不可以退而谓之退，是谓縻军。不知三军之事而同三军之政者，则军士惑矣。不知三军之权而同三军之任，则军士疑矣。三军既惑且疑，则诸侯之难至矣，是谓乱军引胜。 选自《孙子兵法·谋攻篇》

　　孙子认为，国君危害军队的情况有下列三种：不懂得军队不可以前进却要命令它前进，不懂得军队不可以后退却要命令它后退，这叫做束缚军队；不懂得军队的内部事务，而要干预军队的行政，那么官兵就会变得迷惑；不懂得军队作战的权宜机变，却要干预军队的指挥，那么官兵就会产生怀疑。将士既迷惑又怀疑，那么列国诸侯的军队就要乘机进犯，国家的灾难就要到来了。这就叫做搞乱自己的军队，而导致敌人的胜利。

[名师讲谈]……

　　在这段话中，孙子讲了国君盲目干预军队所造成的危害。古人讲拜将授命，其中很重要的一条，就是国君授命于将军。古书中记载，在拜将授命时，国君要把一把斧子送给将军，并说："无天于上，无地于下，无敌于前，无军于后。"也就是说，让将军全权指挥战争，不受任何牵制。因为古代不像现代，不能用电话、电报等与国君随时联系，所以如果事事要听国君的指挥，那么将帅就什么事都干不了。而且，国君不如将帅了解前线军情，如果事事干预，就会造成孙子所说的"縻军""惑军"和"疑军"的情况，以致"乱军引胜"。作为国君来说，要避免发生这种自乱阵脚的事，必须得疑人不用，用人不疑。

东周时期，魏文侯任命乐羊为大将，讨伐中山国。乐羊对中山国采取围而不攻的策略。本来这是很正常的事，但正巧乐羊的儿子乐舒在中山国做官，所以时间一长，一些官员纷纷向魏文侯告状，称乐羊之所以围而不攻，是为了保护儿子。魏文侯听了之后，不但没有相信，反而派人到前线慰问部队，还为乐羊修建新的住宅。最后，被围困已久的中山国国君眼看破敌无望，便杀死了乐舒，还制成肉羹送给乐羊。

乐羊苦战三年，最终获得了胜利，得胜回朝后，不免趾高气扬。这时，魏文侯命人拿来了两只箱子让乐羊看。乐羊打开之后，发现全是反对他围城不攻的奏章，这才知道自己的成功是魏文侯促成的。

在规模浩大、持久的战争中，国君对将帅的信任与否是决定战争胜负的一个重要因素，但是有许多君主并不明白这一点。他们或者直接代替将帅进行军事指挥，或者在授出军权后又处处牵制，更有甚者，听信谗言诛杀功臣，有魏文侯这种用人不疑的气魄的真是不多。

守信和聪明　一个商人临死前告诫儿子："做生意时，你一定要记住两点：守信和聪明。"

"什么叫守信呢？"儿子疑惑地问道。

"如果你与别人签订了一份合同，签字之后你才发现你将因为这份合同而倾家荡产，那你也得照约履行。"商人回答。

"那么什么叫聪明呢？"儿子又问。

"不要签订这份合同。"商人意味深长地说。

[心灵捕手] ……

交人不疑，疑人不交

兵法常说，疑人不用，用人不疑。国君授命于将，就得完全地信任将领，这就像签订"合同"后必须得履行一样。

我们在与人交往的过程中，也得有这种"合同"意识，交人不疑，疑人不交。不要以为"不疑"是很简单的事，信任别人，需要自己内心的坦荡。我们常说"害人之心不可有，防人之心不可无"，对朋友也总是有所防范，其实当你防范别人时，也就把自己锁在了心的牢狱里，而且别人也会反过来防范你，造成彼此的隔阂。

当然，这不是说什么人都要信任。在交一个朋友时，需要有足够的"慧眼"，对这个人的本质有所认识，判断他值不值得信任。而如果已经成了朋友，就不要随便怀疑，除非你有足够的证据，证明他确实已经不是你的朋友。🀄

知彼知己者，百战不殆

[原文]……

知彼知己者，百战不殆；不知彼而知己，一胜一负；不知彼，不知己，每战必殆。 选自《孙子兵法·谋攻篇》

既了解敌人，又了解自己，打多少次仗也不会失败；不了解敌人但了解自己，可能打胜仗，也可能打败仗；既不了解敌人，又不了解自己，那么每次战争都会失败。

[名师讲谈]……

在《谋攻篇》中，孙子提出了"知己知彼，百战不殆"的观点，指明了将帅对敌对双方情况的了解和认识与战争胜负之间的关系，揭示了指导战争的普遍规律。这是孙子思想中的精华部分。

孙子认为，既了解对方又了解自己，得胜的比率为百分之百；不了解对方，但了解自己，得胜的比率为百分之五十；对对方和自己都不了解，那么就没有胜利的可能。我们从全文来看，孙子所说的"知"，并不是单纯地知晓敌方情报，而是指对战机、众寡、军心、准备、将领的比较分析，这是优秀的将帅必须得掌握的。

南宋初期，抗金英雄岳飞屡次打败金兵。一次，金将兀术听说岳飞驻在郾城，手下只有数量很少的轻骑兵和步兵，他就集中了自己最精锐的"铁塔兵"和"拐子马"杀向郾城，企图一举消灭岳家军。所谓"铁塔兵",就是头戴铁盔、面罩铁网、身披铁甲、脚穿铁靴的士兵,他们骑着的马也包着铁马甲。而"拐子马"是配合"铁塔兵"行动的轻骑兵,他们位于"铁塔兵"的两侧,机动灵活。

岳飞对兀术的"铁塔兵"和"拐子马"早有所闻,他知道"铁塔兵"固然厉害,但太笨重,离开战马就一事无成,而"铁塔兵"的坐骑偏偏有四条腿毫无遮掩地暴露在外面。所以,岳飞就以盾牌军迎战"铁塔兵"。盾牌军以盾牌护身,以刀砍"铁塔兵"的马腿,马腿一断,"铁塔兵"就一个个从战马上摔下来,寸步难行。岳飞的精骑兵趁机冲入,配合盾牌军将"拐子马"消灭。就这样,岳家军破了"铁塔兵"和"拐子马"。

我们可以设想,如果岳飞事先对兀术的"铁塔兵"和"拐子马"一无所知,临阵时必然会乱了章法。只因为他知晓己方与敌方的各种利弊条件,从而部署有利于己方的作战策略,才使战争向有利于己方的方向发展,最终大获全胜。

"知己知彼,百战不殆"的观点不仅运用在军事中,而且也普遍运用在政治、经济以及生活各个领域,即使在我们日常生活中,也经常听到和用到这句话,并以此来解决很多棘手的问题。

[闲话人生]……

喜欢蛇的人 有个岛上的人很喜欢吃蛇,并常把它作为贵重的礼物送给别人。

有一次,这个岛上的一个人到外地旅行,就把腊蛇作为干粮。在一个陌生的国家,这个人受到了热情的招待。为了表示感谢,他就把自己所带的一条腊蛇作为礼物送给主人。主人吓坏了，转身就跑。

那个人不知道主人为什么跑了，还以为自己送的礼物不够贵重，于是他挑了一条更大的腊蛇送给主人做礼物。

[**心灵捕手**]······

理解万岁

"知己知彼"是孙子对战争规律的高度概括和总结，但它照样可以运用到我们的为人处世中，也即了解自己，了解别人，在此基础上建立一种"双赢"的关系，用通俗的话来说，就是理解万岁。

人往往喜欢以己之心度人之腹，也就容易把自己的想法和喜好强加到他人身上，并以自己的反应来推测他人的反应。就像故事中喜欢吃蛇的人一样，以为别人也和自己一样喜欢蛇，这样很容易造成误解和伤害。只有知己知彼，才能百战百胜，解决一切棘手的问题，让人际关系越来越和谐。

理解别人，意味着了解别人的所思所想，并从别人的角度出发为对方考虑，同时也给对方一个机会了解自己。只有这样，才会增进双方的情感，自己也会拥有一份幸福。🔲

善战者，胜于易胜者也

[原文]······

古之所谓善战者，胜于易胜者也。故善战者之胜也，无智名，无勇功。故其战胜不忒，不忒者，其所措必胜，胜已败者也。 选自《孙子兵法·形篇》

古时候所说的善于打仗的人，总是取胜于容易战胜的敌人。因此，善于打仗的人取得胜利，既显露不出智慧之名，也看不出勇武之功，他们取得胜利，是因为没有差错，胜券在握。之所以如此，是因为他们的作战措施建立在必胜的基础上，他所战胜的敌人是已经处于失败地位的敌人。

[名师讲谈]······

我们平时常说，过程比结果重要，但是在战争中，"取胜"是最终的目的，而"过程"则越短越好，因为战争对敌人是一种打击，对自己也是一种消耗。时间长了，就会劳民伤财。所以孙子才认为，真正善于打仗的人，总是取胜于容易战胜的敌人。这样虽然看不出他有卓绝的战功，但却是真正优秀的将领。

那么，怎样才能做到"胜于易胜"呢？首先，要让自己立于不败之地，也就是要知道自己的弱点之所在，并尽力弥补，不让敌人有可乘之机；其次，就是找出敌人的薄弱环节，从最容易攻克的地方入手，不战则已，战则必胜。

在敌强我弱的情况下，集中优势兵力打击对方最薄弱的环节，就是变整体弱势为局部强势，变战略防御为战略反攻，使整体局势向有利于我方的情况发展，这就是"胜于易胜"的精髓所在。

综上所述，我们对"胜于易胜"也可以简单地理解为以己之长攻敌之短。但这不仅仅是简单地判断敌我长短、等待时机，而且意味着要积极地创造条件，改变敌我形势的对比。

古代西亚国家亚述在历史上曾有过几次短暂的强盛时期，但公元前8世纪时国力已经衰微。提格拉特帕拉沙尔三世即位后，在政治、经济、军事各方面都进行了改革。在军事方面，提格拉特帕拉沙尔三世改革了原有的兵役制度，扩大了常备军的人数；更新了武器装备，以铁质兵器取代了青铜兵器；划分了兵种，实行多种兵种协同作战。通过改革，亚述建成了西亚地区一支最精良的部队，从公元前745年开始，开始大规模对外扩张，至公元前729年，建成了一个空前庞大的帝国，这一帝国存在了一个世纪之久。

亚述王的改革就是为了从根本上增强自己的国力和兵力，从而改变本国与别的国家的军事实力的对比，很容易地夺得了胜利，这也是"胜于易胜"在政治中的具体运用。

[**闲话人生**]……

选择离门最近的那一件 巴黎一家杂志上曾刊登了一个有趣的竞答题目："如果有一天卢浮宫突然起了大火，而当时的条件只允许从宫内众多艺术珍品中抢救出一件，那么你会选择哪一件？"

在数以万计的读者来信中，一位年轻画家的答案被认为是最好的。他回答说，选择离门最近的那一件。

[**心灵捕手**]……

先打最简单的仗

画家的答案令人叫绝，因为卢浮宫中的每一件收藏品都是举世无双的瑰宝，所以与其浪费时间选择，不如抓紧时间，抢救出一件是一件。如果按两军对垒来说，离门口近的艺术珍品也就是敌人的"薄弱环节"，最易攻克。

先打最简单的战役，不仅是兵法谋略，也是一种人生的智慧。当我们面临诸多问题时，先解决最容易解决的问题，不仅可以增强自信，而且可以删繁就简，让重大问题慢慢浮出水面，并创造出解决问题的条件。

比如在考试中，我们常犯这种错误，就是在某一道难题上费了太多时间，当终于解决时，发现时间已经不够了，还有很多简单的题目没有回答，而那道题是不是答对了心里还没底。与其如此，先做最简单的，确保没有错误，剩下的时间里再攻克难题，说不定得分更高。这也就是"胜于易胜"，和用兵打仗是一个道理。🔲

胜兵先胜而后求战

[原文]……

故善战者，立于不败之地，而不失敌之败也。是故胜兵先胜而后求战，败兵先战而后求胜。善用兵者，修道而保法，故能为胜败之政。 选自《孙子兵法·形篇》

孙子说，善于用兵打仗的人，总是先让自己立于不败之地，同时又不放过任何可以战胜敌人的机会。因此，打胜仗的军队，总是先创造取胜的条件，然后才同敌人作战；打败仗的军队，总是先同敌人作战，而后企望侥幸取胜。善于用兵的人，必须修明政治，确保法制，从而把战争胜负的决定权抓在手里。

[名师讲谈]……

在这一段中，孙子先讲到了守、攻和预知胜利三者之间的关系。"立于不败之地"是守，"不失敌之败"是攻。"不失敌之败"，也就是一定要清楚对方的弱点，并且迅速行动，占得先机。而"立于不败之地"，则是防止自己出现可以被对方利用之处。战争是双方的博弈，我方在虎视眈眈地观察着对方的破绽，对方也一样，所以攻和守是同样重要的。

人常说，胜败乃兵家常事。但是胜是败，则要看你是不是具备战胜对方的条件。这其中既有兵力众寡、地形优劣、民心向背等客观因素，也有战前谋划、运筹调度等后天成分，所以决策者的因素就至关重要。

　　唐高祖武德二年（公元619年）八月，依附突厥的刘武周在突厥的支持下大举南下，晋州等地失守。李渊派当时还是秦王的李世民领兵出征，李世民率部迎敌，在柏壁（今山西新绛县西南）与刘武周的部将宋金刚相持。

　　李世民一直按兵不动。到了十二月，部将忍不住了，纷纷向李世民请战。李世民分析说："宋金刚孤军深入，虽然兵锋甚锐，但其补给困难，粮草主要靠攻城掠地获取。所以，只要我们稳住阵脚，把守好营寨，时间一长他自然就得退兵，那时再战不迟。"在养精蓄锐的同时，李世民还分兵直趋汾（今山西汾阳县）、隰（今山西隰县），进军宋金刚的后方腹地。

　　果然，宋金刚没有粮草接济，军心不定，后方又不稳，与李世民对峙了5个月，到第二年四月被迫撤军。李世民乘胜追击，大获全胜，之后又麾军北进，歼灭了刘武周，收复了河东全境。

　　李世民面对强大的敌人，不是鲁莽地前去挑战，而是先做好防备，不给敌人以可乘之机，然后再寻求战胜敌人的机会。在战争中，这是非常明智的做法，而如何主动寻求机会，让敌人露出破绽，更要靠将帅的智谋。

公元1204年，蒙古草原各部落之间征战频繁，铁木真（即后来的成吉思汗）正在与乃蛮部的首领太阳汗打仗。当天晚上，太阳汗刚刚睡下，哨兵前来报告说铁木真的营中火光四起，太阳汗急忙布防，严阵以待，可是等到了半夜，敌营中却毫无动静。乃蛮士兵刚要回帐休息，哨兵急急忙忙地来报告说，敌营中再次出现火光。这样折磨了几次，太阳汗不敢再睡了，只好和衣而卧，等待天亮，而营中也闹哄了一夜。

其实，这只是铁木真的疲敌之计。铁木真只有四万兵力，而太阳汗则有八万精兵，如果硬拼，铁木真没有必胜的把握，所以他命令一部分士兵到营外，每人点起五堆火，用来迷惑敌人。因为乃蛮军一夜没有休息，第二天晚上困倦不堪，也没有严加防守，铁木真乘机进攻，大获全胜。

这就是"胜兵先胜而后求战"的典型案例，虽然就兵力来看，铁木真处于劣势，但是他设计让乃蛮军出现破绽，利用敌人的弱点，就轻而易举地获取了胜利。

[闲话人生]……

知途的船长　有一个首次乘坐客轮的旅客同船长聊了起来："船长先生，你对河中每一处险滩都知道得很清楚吧？"

船长说："我对河中的险滩并不全部清楚。"

旅客惊讶地问："你不知道哪里有险滩，怎么能开船呢？"

船长笑着说："我为什么一定要在险滩之间摸索呢？我知道深水在哪里，不就够了吗？"

[**心灵捕手**] ……

打有准备的仗

人常说，不要打无准备的仗。在战争中，没有准备贸然上阵是要吃败仗的，在我们日常生活中也是如此。

做任何事情，事先都要进行准备。比如马上面临考试，就要对所考的内容进行全面复习，彻底弄懂平时有疑惑的知识点，清楚考试的时间、地点、要求，如果是重要的考试，还需要提前熟悉考场，这样有备无患，就能在考场上得心应手。

但是，事先的准备并不是面面俱到，这就需要明确自己的目的。就像上面小故事中的船长，他的目的是保证客轮安全行驶，所以只要知道哪儿是深水就行了，没必要知道每一处险滩。还是以考试为例，如果只是一个阶段性的考察，不会涉及太多的内容，那么就要集中精力复习考试范围内的知识，除非你不在乎这次考试的成绩，否则就没必要把所有的问题都搞清楚，这样才可以节省时间，确保考试的成功。🔲

择人而任势

［原文］······

故善战者，求之于势，不责于人，故能择人而任势。　选自《孙子兵法·势篇》

　　这句话的意思是说，善于指挥作战的将帅只求之于"势"，而不求之于人，因而他就能选到适当的人才，来利用有利的形势。

［名师讲谈］······

　　《势篇》主要论述在强大的军事实力的基础上充分发挥将帅的指挥才能，积极创造和利用有利的作战态势，出奇制胜，以求所向无敌。孙子所言的"势"，是以战争存在的物质条件为基础而创造的军队声威，也就是将帅利用地形、时机等因素制造的对己方有利的形势。

　　就上面这句话来说，主要讲了"人"和"势"的关系。孙子认为，高明的将帅依靠势而不依靠人，所以能够根据势来选择合适的人。对此我们可以这样理解：单个的人的力量毕竟是有限的，所有的客观条件综合起来形成的"势"才具有无坚不摧的力量。

　　为了更进一步地说明孙子的这一观点，我们来看看张良设计保太子的故事。张良是汉高祖刘邦最重要的谋臣之一。汉朝建立后，刘邦想废掉太子，即吕后之子刘盈，改立戚夫人的儿子赵王刘如意为太子。吕后请张良想对策。

　　张良知道，尽管自己是刘邦最重要的谋臣，可是在废立太子这

件事上，自己还是无法起到太大的作用，要想保住太子，最好的办法
还是巧借他人之"势"，让刘邦相信太子已经博得天下百姓的爱戴和
拥护，如果废除，必将使民心大乱。于是，张良就让吕后把"商山四
皓"请来，时时随从太子入朝。

张良为什么要请"商山四皓"呢？原来，"商山四皓"是四位
隐居的老人，德高望重。刘邦曾多次派人请他们出山辅佐自己，可是
他们发誓不做汉臣。所以当刘邦看到这四位白发老人随侍太子时，非
常吃惊，心想：照此情景来看，太子已经深得人心，如果我要废掉太
子，恐怕会伤民心。于是刘邦就取消了另立太子的打算。

张良借"商山四皓"造势，达到了保住太子的目的。我们从中能
看出"势"的重要，另一方面也能看出，形成"势"的因素，不仅是
客观环境，还在于合适的人的参与。

[**闲话人生**] ……

弥勒佛和韦陀　去过佛教寺庙的人都知道，一进庙门，就看见笑眯眯
的弥勒佛，而在他的北面，则是黑着脸的韦陀。但相传在很久以前，
他们分别掌管不同的庙。

弥勒佛笑口常开，所以来他庙里的人非常多。但弥勒佛丢三落四，根本不会管理账务，所以依然入不敷出。而韦陀呢？虽然管账是一把好手，但成天阴着个脸，所以来他庙里的人越来越少，最后香火断绝。

佛祖发现了这个问题，就让他俩到同一个庙里，由弥勒佛负责公关，让韦陀负责财务，结果，庙里呈现出一派欣欣向荣的景象。

[心灵捕手]……

做识"势"的俊杰

虽然孙子强调"势"的重要，但同时也提到了"择人而任势"，认为人是"势"中重要的组成部分，作为将帅，必须得根据所要造的"势"而选择合适的人。就像上面的小故事中，佛祖让弥勒佛迎客、韦陀管账，人尽其才，皆大欢喜。

善战者求之于势，不择于人，是因为善战者知道，做成一件事，靠的是所有主观和客观的条件，而不是某个因素、某个人。所以为了事情最终的成功，必然会对具体的个人有所制约，就像一个整齐的队列中，如果有一个人比别人高出了半个头，那只能换掉，你不能说个儿高是优势，你的"优势"会妨碍这个队列的整齐啊！

了解了这个道理，我们就很容易理解"识时务者为俊杰"这句话，其实这儿的"时务"也可以看做"势"，也即整体的局势和状况，如果你对此有所了解，那么就可以让自己顺势而为，成为时代的"俊杰"。🔲

善战者，致人而不致于人

[原文] ……

故善战者，致人而不致于人。能使敌人自至者，利之也；能使敌人不得至者，害之也。故敌佚能劳之，饱能饥之，安能动之。　选自《孙子兵法·虚实篇》

　　善于指挥作战的人，能够调动对方而不被对方调动。让敌人自动进入我们预定的地域，是因为我们用小利引诱他们；不让敌人到达预定的地域，是因为我们制造困难和危险阻止他们。因此，敌人休息的时候，就要干扰他们，使他们疲劳；敌人粮食充足的时候，要想办法使他们饥饿；敌人驻扎安稳，要设法让他们转移，让他们立不住脚。

[名师讲谈] ……

　　孙子说："故善战者，致人而不致于人。"意思就是说，高明的将师要善于掌握战争的主动权，也就是会调动敌人，而不被敌人调动。那么，如何才能掌握战争的主动权呢？这就要求将帅从对方的利益出发，让对方不得不乖乖地听我的"调遣"：我摆明了你进这个区域是有利的，你能不进吗？当然，我不会告诉你我已经有了埋伏；你要到某个我不希望你去的地方，那我就在你必经的道路上设置重重障碍，看你怎么走！

　　在战场上成功地摆布敌人，使敌人处于左右为难的境地，直接或

间接地听从我方的调遣，就要充分发挥将帅的主观能动作用，"佚能劳之，饱能饥之，安能动之"，总之，使他们不能顺利地按自己的计划行事。

古今中外的战争统帅都在自觉不自觉地遵循和运用这些原则。公元前72年，罗马派瓦伦涅率两个兵团的强大兵力镇压斯巴达克起义。斯巴达克知道，凭起义军的力量硬拼，绝对打不过训练有素的罗马军队，于是采取敌进我退的战术，在退却中养精蓄锐，同时派出小分队不断袭击罗马军队。连续不断的骚扰使罗马士兵身心疲惫，士气衰竭。瓦伦涅本来是用兵很谨慎的人，在这种不断的骚扰中也失去了耐心。这时，斯巴达克在考堤峡谷布下伏兵，同时以一支小部队伪装主力诱使罗马军队进攻。疲惫不堪的罗马军队被诱入峡谷后，被以逸待劳的起义军一举击溃，损失惨重。

在这个以少胜多的战例中，斯巴达克成功地以少量兵力调动了强大的罗马军队，也是先运用了疲敌战术削弱敌人兵力，后用诱敌战术让敌人乖乖地进了包围圈。从中我们也可以看到，是否能"致人"，除力量对比外，还有心理的较量，所以了解敌方的全部情况并制订合适的策略是非常重要的。

[**闲话人生**]……

奉献 一教徒对牧师说，他愿意将自己完全奉献给上帝。

牧师问他："如果你有两辆汽车，你愿意奉献一辆吗？"他说："愿意。"牧师又问："如果你有两栋房子，你愿意奉献一栋吗？"他又说："愿意。"牧师又问了一个简单的问题："如果你有两双皮鞋，你愿意奉献一双吗？"他却说："不愿意！"牧师非常惊讶地问为什么，他说："因为我没有两辆汽车，也没有两栋房子，皮鞋却真有两双。"

[**心灵捕手**]……

找到对方的"牛鼻子"

我们时时都要和人打交道，而如何在这种交往中占据主动，对很多人来说都是一件很困惑的事情。有些时候，你费了半天的时间想要说服对方，结果最后却不得不违心地同意了对方的观点；有些时候，你想让别人帮你做某件事，可别人却以没有时间推托……不要先忙着指责别人不够意思，或觉得自己"性格太软""脾气太好"，想一想，自己是不是找到了能牵动对方的"牛鼻子"？

上面小故事中的教徒，对于奉献汽车和房子都不在意，而对奉献一双鞋的要求马上回答说不行，是因为后一个要求真正地涉及了他的利益，这就是他的"牛鼻子"。每个人都有特别关心或在乎的事情，这也就是他的"牛鼻子"，我们如果弄清了对方的心理，对症下药，就可以既满足对方的要求，也让对方按自己的想法行事。

知战之地，知战之日，则可千里而会战

[原文]······

故知战之地，知战之日，则可千里而会战。不知战地，不知战日，则左不能救右，右不能救左，前不能救后，后不能救前，而况远者数十里，近者数里乎？ 选自《孙子兵法·虚实篇》

在战争中，能预知同敌人交战的地点和时间，即使跋涉千里，也可以同敌人交战；如果既不能预知交战的地点，又不能预知交战的日期，那么在交战时，左翼不能救右翼，右翼不能救左翼，前面的不能救后面的，后面的不能救前面的，更何况战场的范围一般都在数十里，最近的也有数里呢？

[名师讲谈]······

孙子在上面这段话中，着重论述了将帅在战前得知交战时间、地点的重要性。就战争双方来说，谁对对方的情况以及"战时""战地"掌握得更清楚，谁就拥有了更多的主动权。战地地形有的利于作战，有的不利于作战，但地形毕竟是死的，只有指挥战争的人对地形详加了解、巧加利用，才能让它对战争的胜负起到一定的作用。对此，孙子在《地形篇》中有过论述："地形者，兵之助也。"也就是说，人是主，地是从。

历史上有很多利用地形战胜对方的情况。三国时期，诸葛亮率领蜀汉大军四出祁山的时候，魏国派间谍造谣说："吴国准备袭击蜀国。"诸葛亮为避免被东吴抄了大本营，下令大军向木门道（今甘肃省礼县）撤退，司马懿派手下大将张郃领兵追击。

诸葛亮知道张郃对地形不熟，就让蜀将魏延和关兴轮番阻截，傍晚时分，把张郃诱到了木门道口。张郃正追赶间，一声炮响，西边山上火光冲天，大石、乱木不断滚落下来，截断了前面的山路，后面的山道也被木石截断，张郃与手下一百多个部将都被射死在木门道中。诸葛亮利用有利的地形，赢得了这场战争的胜利。

将帅在作战之前，要对作战时间、地点等与战争有关的情况了解得一清二楚，这样才能出奇制胜，打败敌人。战争中如此，生活中又何尝不是如此呢？做成一件事，需要天时、地利、人和，全面地考虑问题，才能防患于未然，这是我们不得不重视的。

[闲话人生]……

谁会洗澡 一天，一个老和尚问一个小和尚："一个爱干净的人和一个不爱干净的人都要去别人家做客，你说两个人谁会去洗个澡呢？"小和尚说："不爱干净的人，因为他身上脏啊！"老和尚摇了摇头。"我知道了！是那个爱干净的人，因为他有洗澡的习惯。"老和尚还是摇头。小和尚想了大半天，说："两个人都会洗澡，爱干净的人有洗澡的习惯，不爱干净的人身上脏，需要洗澡。"老和尚说："真没悟性！再没别的可能了吗？"小和尚只好怯怯地说："可能两个人都不洗澡……"

老和尚这才笑了："其实，你说的每一个答案都是对的，但是你每次都认为这个才是正确答案，所以你就错啦！"

[心灵捕手]……

不要做摸象的盲人

生活是千变万化的，每一个人、每一件事情都有多个方面，但是很多时候，我们往往就像故事中的小和尚一样，认为这个问题只有一个正确答案，这样会阻碍我们客观地评价一个人、看待一件事。

看问题要全面、客观，这是由问题本身的复杂性决定的。但是要做到全面、客观，一方面需要我们有广博的知识，另一方面需要我们有一颗开放的心灵，不固执己见，不钻牛角尖。

全面地了解敌我优劣，清楚战争的时间、地点，恐怕是所有带兵打仗的将领都知道的，但仍然有很多人在这上面栽跟头。这告诉我们，客观全面地看问题，不是一蹴而就的事，需要我们时时警惕，是否自己和成语"盲人摸象"中的盲人一样，一叶障目，不见泰山。

兵无常势，水无常形

[原文]……

故兵无常势，水无常形；能因敌变化而取胜者，谓之神。 选自《孙子兵法·虚实篇》

　　"兵形象水"是孙子所概括的用兵规律。孙子认为，作战没有固定不变的方法，就像水没有固定不变的形态一样。能根据敌情的变化而取胜的，就叫做用兵如神。

[名师讲谈]……

　　在《虚实篇》中，孙子在提出了主动用兵、示形诱敌等战法后，提出了"兵形象水"的观点，认为作战就应该像水一样，根据不同的情况采取不同的方法。

　　水没有固定的形状，根据流过地形的不同而变换自己的形状；水没有固定的趋势，只是避高而趋下，遇障碍就绕道，见空隙就穿过。就一支军队来说，如果像水一样灵活，能够根据自己所面对的情况随时改变自己的战略战术，避实击虚，出其不意，那就很容易掌握战场上的主动权，取得胜利。

　　中外杰出的将帅对此都有所了解，并成功地运用到具体的战役中。1805年，拿破仑率领法军进攻奥地利。他选择多瑙河河谷方向进军，这一举动完全打乱了奥军的部署。因为在1797年，拿破仑率军远征意大利时，是从波河河谷进军奥地利首都维也纳的，所以这次奥军主力由名将查理公爵率领，仍然驻守在波河河谷，守卫多瑙河河谷的

则是年少气盛、没有多少实战经验的费迪南公爵。法军以迅雷不及掩耳之势快速通过多瑙河河谷，长驱直入进攻维也纳时，奥军主力还远在意大利，根本无法回师救援。

拿破仑避开名将查理率领的奥军主力，长驱直入奥地利，就是"兵无常势，水无常形"一个很形象的例子：既然前面有块大石头挡住了路，那我就绕道走啊，干吗非要走一成不变的路呢？战争没有常规，因事、因人、因时、因地采用灵活机动的战术，才是"兵形象水"的主旨所在，也就是所谓的"用兵如神"。

[闲话人生]……

穿越沙漠的小溪 一条小溪想流到大海，它绕过高山与岩石，穿过森林和田野，最后来到了一个沙漠的边缘，这下糟了！水都渗到了沙漠中，它无法再前进一步。

这时，微风刚好经过，笑着说："我可以帮你穿越沙漠，但是你要先变成水蒸气。"

"变成水蒸气，那还是我吗？"小溪困惑地说。

"怎么不是你呢？你的本质并没有改变啊！"微风鼓励小溪。

小溪鼓起勇气，化做轻盈的蒸汽。微风拥抱着它，带它穿过了沙漠，蒸汽又化作细雨，最后终于融入了浩瀚的大海。

[**心灵捕手**]……

条条大路通罗马

俗话说，条条大路通罗马，但是有些时候我们会有无路可走的感觉，就像面对着沙漠的小溪一样，觉得路已经走到了尽头。其实，天无绝人之路，你看，困惑的小溪最终不是也走出沙漠到达了大海吗？只不过它是以水蒸气的形式穿过沙漠的，它依然是水，只是改变了一下自己。这就是变通。

当我们做一件事做不下去时，不要马上下判断：这件事干不成。要仔细地想一想，我们遇到的困难是什么，能不能绕过这个困难直达目的，如果绕不过去，我们能否换一种面对困难的方式。

有些时候，我们也知道换种方式可以达到自己的目的，但是每个人都有自己为人的准则，也有做事的方式，当外在的环境迫使我们改变时，我们就怕失去自己。这时候，我们就要向小溪学习：改变自己的形状，但不改变自己的本质。我们的目的地是大海，至于到达的过程中是水还是蒸汽，又有什么关系呢？

金鼓旌旗者，所以一人之耳目也

[原文]……

夫金鼓旌旗者，所以一人之耳目也；人既专一，则勇者不得独进，怯者不得独退，此用众之法也。 选自《孙子兵法·军争篇》

金鼓、旌旗是用来统一军队的视听的，既然军队的视听统一了，那么勇敢的将士就不会单独冒进，怯懦的也不会单独后退了，这就是指挥人数众多的军队的方法。

[名师讲谈]……

产生于西周末期的《军政》中有这样的话："言不相闻，故为之金鼓；视不相见，故为之旌旗。"金鼓是用来听的，旌旗是用来看的，前者凭耳朵，后者凭眼睛，所以孙子说金鼓和旌旗可以"一人之耳目"。在这儿，"一"是"使……统一"的意思，结合前后文的意思就是让军队的视听统一。

为什么《军争篇》中要提到统一军队的视听呢？这要考虑到前面篇章中对"势"的分析。战争虽然是由人来发动、由人来进行的，其目的是争利取胜，但这取胜更多的是靠"势"，而不是靠单个人的力量，如果两军对垒时，勇武的人冒进，怯懦的人后退，整个军队就成了散兵游勇，还打什么仗呢？

孙子不仅论述了统一号令、遵从号令的重要，而且还用真实的故事展示了在军队中号令的神圣不可侵犯。据说，吴王曾让孙子操练后宫里的嫔妃。孙子命令吴王的两个爱姬做队长，然后他讲解了操练要领，并说明如果有人违反军令，一律按军法处治。之后，孙子命令擂起战鼓，开始操练，可嫔妃们一个都没动，反而哄堂大笑。孙子又一次详细地讲述了动作要领，再次击鼓发令，可嫔妃们照旧嘻嘻哈哈。

孙子沉下脸来，让人将两个队长推出斩首。吴王一听慌了手脚，急忙派人求情，但孙子回答说："吴王既然要我演习兵法，我就一定要按军法规定操练。"于是，孙子将吴王的两名爱姬斩首示众。这样一来，孙子继续操练时，众嫔妃再也不敢随便了。孙子这一招虽然有杀鸡儆猴的意思，但军令的重要由此可见一斑。吴王佩服孙子治兵的才能，便拜孙子为将，让他指挥吴国军队。

金鼓、旌旗可以指挥一支军队，而实现更大范围里的联络，古代靠的就是邮驿和烽燧。邮驿是用驿马传递信号，烽燧是用烟火传递信号。但无论是何种方式，都是保证军队统一作战、取得胜利的必要条件。

[闲话人生]……

剪短的裤子　冬冬明天就要参加小学毕业典礼了，所以爸爸给他买了条新裤子，可是因为没有试穿，所以裤子长了两寸。吃晚饭的时候，东东把裤子长两寸的情况说了一下。饭桌上大家都没说什么，后来就都忘了。

妈妈睡得比较晚，临睡前想起这事，就悄悄地把裤子改好叠好放回原处。半夜里，狂风大作，嫂子惊醒了，忽然想到小叔子裤子长两寸，披衣起床将裤子处理好才安然入睡。奶奶起得早，早上醒来后也想起孙子的裤子长两寸，就匆匆忙忙地改了一遍。

最后，冬冬只好穿着短四寸的裤子去参加毕业典礼了。

[心灵捕手]……

让规矩变得透明

《周易》师卦初六说："师出以律，否臧凶。"意思是说：行军打仗一定要有纪律，否则就会很危险。可是，如何才能保证纪律的有效执行呢？这个时候，我们就需要"金鼓旌旗"了。也就是说，必须有一种确定的、可以使各方面都了解的手段和方法。它可以是一个信号，可以是一个手势，也可以是一句话。但关键是必须使每个人都能明了。试想，如果故事中的妈妈、嫂子和奶奶在为冬冬改裤子的时候能互相通通气，知会一声，也就是说，主动创造出一个"金鼓旌旗"，那么，冬冬穿的就不会是一条短了四寸的裤子了。

"没有规矩，不成方圆。"可是，只有规矩，没有沟通，同样会办错事、办坏事。所以，无论是在学习还是生活中，我们都要让自己成为一个既懂得如何遵守规矩，又能明确执行规矩的人。

避其锐气，击其惰归

[原文]……

故三军可夺气，将军可夺心。是故朝气锐，昼气惰，暮气归。故善用兵者，避其锐气，击其惰归，此治气者也。　选自《孙子兵法·军争篇》

对敌人的军队，可以挫伤他们的锐气；对敌人的主帅，可以动摇他的意志。一般来说，军队初战的时候，士气比较旺盛；经过一段时间之后，就逐渐怠惰；到了后期，士卒就会气竭思归。所以善于用兵的人，总是避开敌人的锐气，等到敌人士气松懈、消沉时再去打它，这就是掌握军队士气变化并对这一变化加以运用的方法。

[名师讲谈]……

在《军争篇》中，孙子将士气作为决定战争胜负的重要因素加以论述，"三军可夺气，将军可夺心"是其士气理论的核心。战场上敌对双方的拼死相争，说到底是双方勇气和智慧的较量。因此，在战争中想方设法摧毁敌将的意志，往往可以获得事半功倍的效果。而让对

方士气低落、军心动摇，则能轻松地取得战争胜利。拿破仑就曾说，一支军队的实力四分之三是由士气组成的。

所以，在战争中保持我军的高昂士气是将帅的重要任务，利用敌人士气衰竭的态势以求军争胜利，也全赖将帅高超的指挥艺术。在大家都很熟悉的故事"四面楚歌"中，西楚霸王项羽兵败垓下，别虞姬，赠乌骓马，自杀身亡，主要因为刘邦的谋臣张良运用"攻心夺气"的谋略。张良教所有的汉军将士唱楚歌，以致项羽产生错觉，以为楚地失守，家乡父兄被俘投降，因而士气低落、军心动摇，最终溃不成军。

高昂的士气是战争胜利的保证，但"朝气锐，昼气惰，暮气归"，就一个人来说，一天中早上的精神状态最好，白天逐渐下降，晚上最差。人如此，军队也一样，只是这个时间范围不一定是二十四小时。从战争的初期、中期和晚期来判断士气高低，并加以利用，这也是"避其锐气，击其惰归"的意思。著名的长勺之战中，曹刿就是用此策略，打败了来势汹汹的齐国军队。

长勺之战发生在公元前684年，当时强大的齐国进犯弱小的鲁国。当齐国击鼓前进时，鲁军统帅鲁庄公也要击鼓前进迎敌，鲁庄公的谋士曹刿急忙制止，要鲁庄公按兵不动；当齐军第三次击鼓，并且快要到达鲁军阵前时，曹刿才让鲁庄公击鼓指挥鲁军冲杀。此时齐军已经没有了先前的气势，被士气高昂的鲁军打败，只好撤退。这时，鲁庄公又要率兵追击，曹刿再次阻止了他，直到确认齐军车辙紊乱、旌旗倒地，才建议鲁庄公下令追击，结果鲁军大获全胜。

长勺之战是一次典型的以少胜多的战役。战后，鲁庄公向曹刿请教取胜的原因，曹刿说："夫战，勇气也，一鼓作气，再而衰，三而竭。彼竭我盈，故克之。"这其实也应和了孙子"朝气锐，昼气惰，暮气归"的意思，只不过是集中到了一场战役中。而之后曹刿一直等到逃兵车辙紊乱、旌旗倒地才追赶，主要是怕中了齐军埋伏，但也有"击其惰归"的意思。

由此可见，曹刿称得上是善于根据敌军士气变化而用兵的典型，说不定《孙子兵法》中提出的"避其锐气，击其惰归"的用兵原则，还受到了他的思想与实践的启发呢！

[闲话人生]……

带着勇气出发 亚历山大大帝远征波斯前，将自己所有的财产都分给了手下人。他的一个大臣皮尔底加斯既惊奇又担心，问道："陛下，您带什么启程呢？"

"勇气！这是我唯一的财富。"亚历山大骄傲地说。

听到这个回答，皮尔底加斯说："那么请让我们也来分享它吧！"于是，他谢绝了分配给他的财产，一无所有地跟着亚历山大出发了。

[心灵捕手]……

勇气是一生的行李

亚历山大大帝是历史上第一位征服欧亚大陆的帝王，在这个小故事中，他把勇气作为自己唯一的财富，远征波斯。有了这种舍我其谁的勇气，还有什么敌人是他的对手呢？

在战争中，军队的士气和将帅的勇气是至关重要的，而在人生的旅途中，始终保持进取之心、保持和困难作战的勇气也同样重要。

少年时期是人一生中最有勇气的时期，正所谓"初生牛犊不怕虎"，觉得自己什么事情都能做到。但是也正因如此，对所要面对的困难估计不足，当遇到一些挫折时，就很容易垂头丧气、怨天尤人。其实不管什么时候，埋怨自己是没有用的，埋怨环境更没有用。你需要做的是冷静下来，想想是什么让自己失去了激情和热情，从而有的放矢地解决这些问题和困扰，从中汲取前进的力量，让自己变得更为坚强。

要知道，人的一生很漫长，如果把人生比作一次旅行的话，勇气是你一生的行李，不能还没到人生的中午就丢了。

君命有所不受

[原文]……

途有所不由，军有所不击，城有所不攻，地有所不争，君命有所不受。　选自《孙子兵法·九变篇》

　　有的道路不要去走，有的敌军不要去攻击，有的城寨不要去攻占，有的地方不要去争夺，将领已经接受命令之后，国君的命令有的不要接受。

[名师讲谈]……

　　在《九变篇》中，孙子就战争艺术提出了"途有所不由，军有所不击，城有所不攻，地有所不争，君命有所不受"的观点，认为只有放弃那些从全局看来无关紧要的目标，才能达到预期的目的，这是就将帅应该根据战场具体情况灵活变通而言的。

　　"军有所不击"，是指要以最终的目标为出发点，歼灭必须要歼灭的敌人，而不能见敌人就打。公元前333年，希腊马其顿国王亚历山大率远征军取得伊苏斯之战的胜利。尽管已经击败了波斯帝国的主力，但为了确保胜利，亚历山大没有直接进攻波斯帝国的心脏巴比伦，而是着手消灭各地的波斯军队。直到公元前331年，亚历山大确信可以击垮波斯后，才率军向巴比伦城挺进，从而大获全胜。

　　亚历山大之所以成为古希腊最著名的将领，不仅和他卓越的战功有关，更在于他超出常人的谋略和决断，懂得哪些"军"可以"击"，从而用最小的代价取得全面胜利。

"途有所不由，军有所不击，城有所不攻，地有所不争"说的都是要从战略整体考虑，采用灵活多变的对敌策略，而"君命有所不受"则是对此的一个补充，因为如果将领的一举一动都要按照远在千里之外的国君的要求，那就可能贻误战机，或做出错误的决策。

公元前61年，汉宣帝派辛武贤、许延寿率军与驻守在河湟地区的大将赵充国会合，大举进攻反叛的羌人。赵充国接到朝廷攻打羌人的诏令后，多次上书汉宣帝，建议放弃攻打的计划，让步卒在当地屯垦成卫，等待反叛的羌人自行败亡。汉宣帝采纳了他的意见，最后羌人果然归顺了汉朝。

在战争中，有所不为才能有所为，而在个人为人处世中，也是如此。孟子就曾经说："人有不为也，而后可以有为。"（《孟子·离娄下》）了解哪些是可为、该为的，哪些是不可为、不该为的，则需要智慧和胆识。

[闲话人生]……

踏踏实实捡你的虫子　小鸡看见一只苍鹰在高高的蓝天上飞翔，非常羡慕，于是就扑闪着翅膀问母鸡："妈妈，我们也有一对大翅膀，为什么不像鹰那样飞到空中呢？"

"傻孩子，"母鸡回答说，"飞得高对我们有什么用处呢？蓝天上没有谷粒，也没有我们爱吃的虫子呀！更重要的是，我们根本飞不上去。"

[心灵捕手]……

让梦想的花开在现实的土壤中

　　故事中的小鸡羡慕苍鹰,希望自己也能在天上飞,这确实是一种很自然的想法,但是对一只鸡来说,在天上飞是一个不可能实现的目标,所以放弃是明智的。

　　和小鸡一样,我们的一生中也会有很多希望和梦想,但是我们每个人的天赋不同,精力和时间也是有限的,所以我们必须得选择一些必须要实现并且可以实现的目标,以此为生命的重心,少做或不做干扰自己实现这个目标的事情,全力以赴,这样才能让梦想成为现实。

　　那么,哪种目标是可以实现的呢?首先,你得判断这个目标是不是你真正想实现的。如果你只是一时的热情,那么很可能会半途而废,浪费时间和精力。其次,你得比较准确地判断达到这个目标需要哪些条件,自己是不是具备,否则在花了很多时间之后,才会发现这个目标对自己永远是海市蜃楼。当我们对自己的目标是否具有可行性不是很清楚时,要多征求一下周围人的意见,正所谓当局者迷,旁观者清,这样能节省很多时间和精力。🔲

智者之虑，必杂于利害

[原文] ⋯⋯

是故智者之虑，必杂于利害。杂于利而务可信也；杂于害而患可解也。 选自《孙子兵法·九变篇》

高明的将帅考虑问题时，一定要兼顾利和不利两个方面。在有利的情况下想到不利的一面，事情就可以顺利进行；在不利的情况下想到有利的一面，祸患就可以解除。

[名师讲谈] ⋯⋯

"皮洛士的胜利"是西欧的军事家们常用的一个"军事术语"。

皮洛士是古希腊伊庇鲁斯的国王，公元前280年，他率领军队在意大利登陆，介入迦太基和古罗马战争。作战中，皮洛士多次击败当时强大的古罗马军队，但最后几乎全军覆没，付出了非常高昂的代价。此后，军事家们就把这种事倍功半、害大于利的胜利称为"皮洛士的胜利"。

"皮洛士的胜利"很形象地告诉我们"智者之虑，必杂于利害"在战争中的重要。高明的将帅在作战前必须要清楚交战中的有利因素和损耗得失，尽量避免弊大于利的战争。因为在这样的战争中即使取胜，对己方的"利"也有限，而如果失败，后果则不堪设想。将帅在有利的情况下想到不利的一面，可以避免"赢了一场战役，却输了整个战争"的情况；在不利的情况下想到有利的一面，则会避免错失良机。

东汉末年，天下大乱。袁绍手下的谋士沮授向袁绍提出"挟天子以令诸侯"的计谋，要袁绍把献帝迎来。可是袁绍其他的谋士不赞成，觉得把一个皇帝供起来，以后大事小事都得跟皇帝请示，万一皇帝意见和我们不一样怎么办呢？听还是不听？而袁绍自己也在犹豫，因为当初董卓要废少帝立献帝的时候袁绍并不同意，现在把献帝迎来，有点自打耳光的感觉。袁绍一犹豫，曹操就抢先了一步，想方设法把献帝从洛阳接到了自己的根据地许县。之后，曹操用皇帝的权杖号令诸侯，谁敢不从？

"挟天子以令诸侯"，其利弊对袁绍和曹操是差不多的，但是袁绍只看到了不利的一面，曹操则从不利的情况中发现了"大利"，从而抢得先机，让自己名正言顺地指点江山。这种对利害得失的准确判断和反应，是一个统帅必须具备的素质，只有这样才能防患于未然，避害趋利。

[闲话人生]······

司机考试 某公司准备以高薪雇用一名小车司机，经过层层筛选和考试之后，只剩下三名竞争者。主考官问他们："悬崖边有块金子，你们开着车去拿，觉得能距离悬崖多近而又不至于掉落呢？"

"两米。"第一位说。"半米。"第二位很有把握地说。"我会尽量远离悬崖，越远越好。"第三位说。

结果这家公司录取了第三位。

[心灵捕手]······

做一个抉择的高手

有危险意识、时时谨慎是一个司机最重要的素质。应聘的前两名司机以大胆自夸，却忘了应该考虑到面临的危险，因而被淘汰了。从中我们可以看到，孙子所提出的权衡利害的观点，在战场上运筹帷幄的将帅需要考虑，每一个普通人也需要考虑。

我们一生中会面临很多选择，这些选择其实都是有利有弊的，只是有时是利大于弊，有时是弊大于利，就看你如何区分和抉择。如果被一时的"利"和"弊"蒙住了双眼，那么就很可能做出错误的判断。

但是，在做选择时，除了考虑到利害的互依互存外，还要考虑到这两者的相互转化。大家都熟悉塞翁失马的故事，这个故事告诉我们，把眼光放长远一些，不仅看到当前的利害，而且预知到将来的祸福，这样考虑到多方面的因素，所做的抉择也会更准确一些。🔳

屈诸侯者以害

[原文]……

是故屈诸侯者以害；役诸侯者以业；
趋诸侯者以利。 选自《孙子兵法·九变篇》

　　孙子认为，要使列国诸侯的行军计划遭到挫折，就要用它最厌恶的事情去扰乱它；要使列国诸侯烦劳困顿，就要用琐碎的事情去干扰它；要使列国诸侯被动奔走，就要用它贪图的小利去引诱它。

[名师讲谈]……

　　在前文中，孙子说过"智者之虑，必杂于利害"，要将帅在考虑问题时全面权衡利弊，这段进一步说明将帅如何利用利害关系来对付敌方。

　　不管是人还是军队，都是趋利避害的，那么如果我们掌握对方的心理，把对方要趋的"利"当做诱饵，以对方要避的"害"去扰乱它，并且以琐碎的事情去干扰它，又何愁不能掌握主动权、调动对方呢？

　　公元前700年，楚国攻打绞国。绞侯坚守不出，并成功地击退了楚军的数次进攻。一个月后，绞城中开始缺少柴草，绞侯听探子报告有樵夫进山砍柴，就布置人马突然袭击夺柴。这样夺了几次，发现楚国并没有太在意，绞国士兵出城夺取柴草的次数和人数越来越多。

　　其实，这些樵夫是楚国士兵假扮的。有一天，绞国士兵又出城夺柴时，樵夫们就假装逃跑，把绞国士兵引入楚军的埋伏圈内，埋伏好的楚军把绞国士兵打得四散溃逃。楚王此时亲率大军攻城，绞国士兵

无力抵抗，只得投降。

楚王以柴草为诱饵，钓到了绞国这条"大鱼"。从中我们也可以看到，施利的一方必须得清楚对方的心态，才能以小利诱之；而被诱的一方，得保持清醒的头脑，才能不受其害。并且，在战争中，每一方所考虑的、在乎的东西不一样，所以必须得因人、因时、因事而异，才能真正让"鱼"上钩。

公元前719年，卫国和宋、陈、鲁、蔡五国联军围攻郑国。当时郑国的国君是郑庄公，郑庄公知道，卫国国君州吁刚刚即位，这次攻打郑国只是想树立威信、压服民众；宋国帮助卫国，是因为宋殇公担心郑国支持宋国的公子冯回国夺权；而鲁、陈、蔡三国与郑国没有激烈的矛盾，因此并不是非打不可。于是，郑国就把公子冯送到长葛（今河南境内），宋军果然尾随而去；鲁、陈、蔡三国见状，也不愿再为卫国卖命了，当卫、郑两军交战时一个个做壁上观。在战斗中，郑军佯做失败，卫国有了"胜利"可以炫耀，也就不追赶了。这样，五天后，郑国就解围了。

郑庄公成功解围，是因为他详细地分析了前来进攻的敌国的不同目的，然后投其所好，将宋国公子冯送走，令宋军尾随而去，又特意让卫军打了一次胜仗，使他们赚足面子，解决了这两个主要国家的问题，其余三国自然草草收场。这就是根据不同情况给"诱饵"的特例。

[闲话人生] ……

被自己吓死的人　在二战期间，纳粹科学家做了一项惨无人道的心理试验。

他们找了一位俘虏，把他绑在试验台上，蒙住了他的眼睛，告诉他将在他的手腕上划一道口子，然后看他身上的血一滴一滴地流光时所引发的生理反应。

其实，科学家只是用一块很薄的冰在这个战俘的手腕上划了一下，同时在他的手腕上方挂了一个吊瓶，吊瓶中的水温和人体血液的温度差不多，吊瓶管子的一端放在这个战俘的手腕上方，让吊瓶中的水从他的手腕慢慢流下来。在他手腕的下方，科学家放了一个铁桶，当这个战俘听着"滴答""滴答"的水声的时候，就会以为自己的血在往外流了。

过了一个小时，这个战俘真的死了，而且死去时身体的反应跟失血而死的人一模一样。

不要当环境的俘虏

两军对阵时，双方都要用各种手段阻挠对方的计划，就"施"的一方来说，要了解对方的情况，把握对方的心理，而就"受"的一方来说，则要认准自己的目标，不受任何外界干扰。就个人来说，培养这种不受干扰的心理素质也是非常重要的。故事中的战俘因为不了解实际情况，从而产生了极强的恐惧和心理暗示，从而失去了生命。其实，如果他的心理素质很强，就不会发生悲剧。

很多时候，我们都不能选择自己所处的环境，所以如果我们处在一个不好的环境中，而又不能成功地抵御环境对自己的影响和干扰，就可能什么事都干不成。

其实有形的干扰是比较好对付的，比如你要学习，周围的人都在玩，那么你或者换个地点，或者静下心来干自己的事就行了。但有些干扰是无形的，比如在你所处的环境中，大家都是一种得过且过的、不重视学习的态度，那么时间长了你也有可能受到影响。

不管是有形的干扰还是无形的干扰，我们都要有足够的警觉，从心理上加以重视，不要让自己当环境的俘虏。🐦

恃吾有以待也

［原文］……

故用兵之法，无恃其不来，恃吾有以待也；无恃其不攻，恃吾有所不可攻也。

选自《孙子兵法·九变篇》

孙子认为用兵的原则是，不要指望敌人不来，而要依靠自己严阵以待，充分准备；不要指望敌人不进攻，而要依靠自己有使敌人无法攻破的充足力量。

［名师讲谈］……

在备战方面，孙子强调任何时候都不要把希望寄托在敌人"不来""不攻"上，而要进行充分的准备，使敌人无隙可乘。其实在《形篇》中，孙子就曾说："昔之善战者，先为不可胜，以待敌之可胜。"也是这个意思。我们无法决定、控制别人是否对自己采取行动、什么时候采取行动、采取什么行动，只能把自己能够控制的部分做到最好。

公元219年秋天，关羽远征由曹仁把守的樊城。曹操一面调集五万精兵去救援樊城，一面联合东吴，让孙权暗袭由关羽守卫的荆州，以解樊城之围。刘备和孙权本来是联合对抗曹操的，但是"趋诸侯者以利"，曹操许诺把魏国在江南的一部分领地给东吴，东吴就站到了曹操这边。

当时东吴的大将是吕蒙，很厉害。关羽虽然去进攻樊城了，但为了防备吕蒙，在荆州留有重兵防范。为了让关羽放松警惕撤掉重兵，吕蒙装病退回京都建业，让名不见经传的青年将军陆逊接替自己。关羽果然中计了，以为东吴没有实力攻打荆州，就把荆州重兵调去攻打樊城。结果，吕蒙率吴军攻破荆州。

老子说："祸莫大于轻敌。"在关羽大意失荆州这个故事中，关羽的错误就在于他认为陆逊初出茅庐，还没有攻打荆州的实力和勇气，却不知给敌人一丝可趁之机，就是为自己掘了坟墓，导致兵败、地失、身亡，真是惨痛的教训。

但我们也要看到，做好万无一失的准备，是在双方实力相差无几的情况下不得不注意的，如果对方实力远远大于己方，即使防守得再严密，也难免遭遇战祸；如果己方实力是对方的数倍，还处处防范，必然会自缚手脚，有可能被灵活而机动的小股敌人牵着鼻子走。

所以，优秀的统帅该守时守，该攻时攻，权衡利弊，有决断，有魄力，而这也正是《九变篇》的核心观点所在。

[**闲话人生**]······

空姐的智慧 某日，一位机长和一位正在看杂志的空姐搭讪，说："我们互相问问题玩吧！如果你答错了就给我5美元，我答错了就给你5美元。"

空姐不愿意玩，机长觉得很没趣，就加大了筹码："这样吧，你答错了给我5美元，我答错了给你100美元。"空姐同意了。

机长说："747的巡航速度是多少？"空姐想了一下，掏出5美元给机长。然后机长得意地说："到你问了。"

空姐问道："3个眼睛、6个鼻子、9条腿的东西是什么？"机长想了半天，掏100美元给空姐，追问道："答案到底是什么？"空姐掏出5美元给机长，继续看她的杂志。

[心灵捕手] ······

让自己立于不败之地

故事中的空姐是非常聪明的，她先让自己立于不败之地，然后才开始玩这个她并不想玩的游戏。其实我们平时处事时，也该如此有备无患。

不要觉得兵法很深奥，其实我们在学习中经常能用到这些道理呢！比如说，老师忽然来了一次小测验，如果你平时已经完全掌握了所学的知识，那么就一点都不会害怕，这也就是兵法中所说的"无恃其不来，恃吾有以待也"。

其实很多时候，我们做了不该做的事，或犯了不该犯的错，不仅仅是粗心的结果，而是本身能力的欠缺造成的，因为自己力有不逮，所以无法弥补漏洞和缺陷。遇到这种情况，与其尽力掩饰和防范，不如退而结网，真正提高自己的能力，这样的话，就不会为怕犯错而整日惴惴不安了。

无虑而易敌者，必擒于人

[原文] ……

兵非益多也，惟无武进，足以并力、料敌、取人而已；夫惟无虑而易敌者，必擒于人。 选自《孙子兵法·行军篇》

兵力并不是越多越好，只要不是轻敌冒进，而能够做到集中兵力、判明敌情，也就足以战胜敌人了。那种既无深谋远虑而又自恃轻敌的人，一定会被敌人所俘虏。

[名师讲谈] ……

《行军篇》主要论述在不同地理条件下如何行军作战、驻扎安营，以及怎样观察判断敌情等问题。在我们所选的这一段中，孙子集中讲述了打仗并非兵力越多越好，关键在于将帅能否准确地判明敌情、集中使用兵力，并指出如果将帅没有深谋远虑，轻敌冒进，军队的数量再多，也会为敌所擒。

孙子一直强调知己知彼，但是敌人常常使用各种地形来隐藏自己，这就需要将领独具慧眼，准确地判断敌情。在二战期间，德、法两军对峙。一天，一名德军参谋在用望远镜对准法军阵地搜索时，发现一只可爱的波斯猫懒洋洋地在坟头晒太阳。接下来三天，他天天下午都见到这只波斯猫。这位参谋知道，坟地附近没有村庄，所以这只猫不可能是村民的，而中下级军官不允许也不可能携带这类宠物，所以他判断猫的主人很可能是一位高级将领，并且就在附近。他马上把他的发现和判断报告给了指挥部，德军指挥部立刻集中了六个炮兵营向坟地一带进行了地毯式轰炸——德军参谋的判断完全正确，法军的指挥部确实设在那儿。

德军参谋通过一只可爱的波斯猫判断出法军指挥所所在，算得上察微知著的典型了。但是在战争中，不仅仅要了解和判断敌人的情况，还要主动出击，这时就必须谨慎从事，不可大意轻敌。

公元前208年，项梁率楚军先后在亢父（山东济宁南）、东阿、定陶一带几次攻克秦军，从而开始大意轻敌。军中大将宋义劝他谨慎小心，他嗤之以鼻，并把宋义派去出使齐国，省得他老是烦自己。结果，就在当年的九月，秦国的将领章邯领兵夜袭定陶，骄狂的项梁兵败身死。

战争的胜败取决于很多因素，兵不在多，唯在善用。将帅能准确地判断敌情、集中兵力、不骄不躁，那么少量的兵力也可能会有很强的战斗力。

[闲话人生]······

蝉与狐狸 一只蝉在大树顶上唱歌，正巧一只狐狸从树下路过。狐狸停下脚步，装出一副讨好的样子对蝉说："亲爱的蝉先生，原来是您呀，怪不得声音这么好听！您能不能下来一下，让我好好向您表达我的敬意呢？"

蝉想了想，摘下一片树叶扔了下去。狐狸以为是蝉飞下来了，便张开大嘴猛扑过去，等它抓起来一看，才知道上当了。

蝉笑着说："你以为我会相信你的花言巧语吗？告诉你吧，自从在你的粪便里见到过蝉的翅膀后，我就知道应该时刻提防你了！"

[心灵捕手]······

练就一双慧眼

在战争中，将帅要从细节入手判断敌情；在生活中，我们也要从细节入手去分析问题、解决问题。故事中的蝉算得上察微知著的典型，它看到狐狸的粪便中有蝉的翅膀时就已经起了疑心。如此"未卜先知"，还有什么危险躲不开呢？

看到别人没有看到的细节，需要一双"慧眼"，而这是需要长期的"修炼"的。首先，你得让自己的心静下来，耐心认真地看；其次，还得对所观察的事物或事情有足够的了解，这样才能发现细微的异常情况。

俗话说，"细节决定成败"，当你看到的比别人的多，待人接物或处理事情时会更加得心应手。▣

进不求名，退不避罪

故战道必胜，主曰无战，必战可也；战道不胜，主曰必战，无战可也。故进不求名，退不避罪，唯人是保，而利于主，国之宝也。　选自《孙子兵法·地形篇》

　　孙子认为，就将帅来说，按照战争规律分析有必胜把握的，即使国君命令不打，坚持去打也是可以的；按照战争规律分析没有必胜把握的，即使国君命令要打，不打也是可以的。所以，进不企求战胜的名声，退不回避失败的罪责，只求保全民众，同时符合国君的根本利益，这样的将帅是国家的宝贵财富。

[名师讲谈]······

　　《地形篇》是专讲地形的，强调了地形的重要性，但是，孙子指出："夫地形者，兵之助也。"也就是说，地形虽然重要，但它只对将帅用兵起辅助作用，毕竟，人的主观能动性是最重要的。在我们所选的这段话的前文中说："料敌制胜，计险阨远近，上将之道也。"

其中"料敌制胜"属于"知兵","计险阸远近"属于"知地","知兵"和"知地"都属于将帅的责任,两样都知道,才必胜;两样都不知道,则必败。

有了这个前提,接下来的论述就顺理成章。将帅既知兵又知地,有必胜的把握,那么即使国君命令不让打,也一定要打;如果根据分析难逃失败,即使国君命令让打,也不能打。

其实,"将在外,君命在所不受"说起来简单,做起来并不是很容易。中国古代社会实行高度中央集权,将帅在采取大规模的军事行动时,都要先征得朝廷的同意,否则就可能会被治罪,可是有些时候,又不得不冒险先斩后奏,否则就会贻误战机。

公元227年,魏将孟达于上庸(今湖北竹山)悄悄联合蜀、吴两国,打算叛变。这一消息被当时屯驻宛城(今河南南阳)的魏国将领司马懿知道了,他在没有得到朝廷诏令的情况下,果断采取行动,仅用8天时间就到达上庸,平息了叛乱。

司马懿及时平叛,对魏国肯定有利无弊,但是他是冒着杀头的危险去做这件事的。因为按照当时的法令,司马懿要发兵征讨,必须先上报朝廷，批准后方可行动。但宛城远离朝廷，孟达的反叛迫在眉睫，而且司马懿粮草有限，所以只能先斩后奏。这是一种负责任的态度，只要上对得起国君，下对得起百姓，那么"进不求名，退不避祸"，就没有什么可顾虑的了。

打仗要遵循一定的规律，按规律办事，做其他的事也是如此，然而，要真正地按客观规律办事，坚持真理，就很可能会"以下犯上"，因而让自己面临危险和困境。

在科学研究中这种情况不胜枚举。现在，我们都知道地球是围绕太阳旋转的，但是在中世纪，大家都认为是太阳围绕着地球旋转。当时意大利的布鲁诺宣传哥白尼的"日心说"，结果被罗马教廷囚禁在宗教审判所的监狱里，接连不断地审讯和折磨达八年之久。但布鲁诺依然坚持自己的观点，最终被罗马教廷处以火刑。在火刑架下，布鲁诺依然说："地球还是在转！"

这就是在科学研究中"进不求名，退不避祸"的承担精神，和将帅不顾自身利害冒险抗命一样值得我们每一个人学习。

[闲话人生]……

鸡蛋小贩　有人在市场上卖鸡蛋，前面放了一块纸板，上面写着："在此销售新鲜鸡蛋"。

有一个人过来对他说："老兄，何必加'新鲜'两个字，难道你会卖不新鲜的鸡蛋吗？"这人想了一想，觉得有道理，就把"新鲜"两字涂掉了。

不久，又有一个人对他说："为什么要加'在此'呢？难道不在这里卖，在别处卖吗？"这人也觉得有道理，又把"在此"涂掉了。

一会儿，一个老太太过来对他说："干吗要写'销售'啊？谁都知道不会白送。"他又把"销售"涂掉了。

这时旁边一个人笑道："大家一看就知道是鸡蛋，何必写上'鸡蛋'两个字呢？不是多此一举吗？"

结果所有的字全都涂掉了。

[**心灵捕手**]······

做自己的将领

鸡蛋小贩的故事告诉我们，别人的好意有时会使我们失去应有的目标和方向。做任何事情，我们都要先有自己的判断，清楚地知道自己在做什么、该怎么做，如果我们畏惧人言，终将一事无成。

"进不求名，退不避祸"的承担精神，不仅仅是将帅的"特权"，也是我们每一个人都应该具有的品质。不管面对什么事，我们都会有自己的判断，如果你确信自己的判断是准确的，那么就一定要坚持。小到一道题的解法，大到对客观真理的维护，都是如此。也许在此过程中我们会受到一些非难和伤害，但如果习惯于无原则地妥协，那么时间长了就没有了自己的棱角和个性，这是很可悲的。

当然，这一切的前提是自己得有清醒的判断。孙子在兵法中说将帅可以违抗君主的命令，是因为将帅最清楚当时当地的情况。如果我们自己对一件事看得不准确，判断有错误，而又听不进别人的意见，就难免会把事情搞砸。🔟

三十六计

……益智之芸基，谋略之大成……

⊙ 　《三十六计》是根据中国古代卓越的军事思想和丰富的斗争经验总结而成的一部智谋全书，素有兵法、谋略奇书之称。全书按计策顺序排列，共分六套谋略，即胜战计、敌战计、攻战计、混战计、并战计和败战计。每套计谋又分为六个计策，共三十六计，每计有题解、注释与按语。

⊙ 　长期以来，此书被古今中外许多军事家研习、应用，并且早已超出了军事斗争的范畴，广泛应用于政治、经济、外交、科技、体育等许多领域，因而此书不只是政治家、军事家所必须掌握的谋略，亦是当今人们开创人生局面、掌握为人之道、深谙处世哲学的最佳"参照物"。本章选取了一些实用性较强的计谋，进行了深入的解读，以期引导读者活学活用计谋，增加个人的人生智慧。

[原文]······

瞒天过海 备周则意怠，常见则不疑。阴在阳之内，不在阳之对。太阳，太阴。 选自《三十六计·胜战计》

　　防备十分周密，往往容易导致思想麻痹，意志松懈；一件事情常常见到，就不会产生疑惑，以至丧失警惕。阴谋就隐藏在公开的行动之中，并不是与公开行动相对立的。最公开的行动当中往往隐藏着最秘密的计谋。此计的运用，在于使敌人由于对某些事情习以为常而产生疏漏和松懈，我方示假隐真，出奇制胜。

[名师讲谈]······

　　阴阳是我国古代传统哲学和文化思想的基点，在"瞒天过海"这个计策中所讲的阴，指机密、隐蔽；阳，指公开、暴露。阴阳是相辅相成的，阴中有阳，阳中有阴，表现在兵法中，就是看起来光明正大的行动也许隐藏着非常机密的图谋，就看你能不能发现了。

　　鱼臭惑众、胡亥篡位的故事就是瞒天过海在政治斗争中的具体运用。秦始皇是在巡游东南时病死的，当时陪同秦始皇巡游的有秦始皇的小儿子胡亥和丞相李斯。李斯担心皇上在都城外死去，会导致国内大乱，就密不发丧，照样给秦始皇进呈饭食，装出一副秦始皇仍然在世的样子。后来，天气渐渐热了起来，车里的尸体开始腐烂，臭气熏天。李斯下令跟从的官员在车上装载了鲍鱼，天气热，鲍鱼很快腐烂发出臭味，掩盖了尸体的臭味。在此期间，李斯和宦官赵高合谋，劝说胡亥假传秦始皇的圣旨诛杀秦始皇的长子扶苏、赐死将军蒙恬，帮助胡亥篡夺了帝位。在古代，皇帝巡游是昭告天下的大事，谁会怀疑每天照样吃饭、接受百官奏报的皇帝已经死了呢？虽然有奇怪的臭气，可是有鲍鱼在遮掩，所以就演了一出死皇帝巡游的故事。

古今中外的战争中，运用瞒天过海这一计谋的也很多。公元589年，隋朝大举攻打陈国。战前，隋朝将领贺若弼经常组织沿江守备部队调防，每次都声势浩大。开始时，陈国总是召集全部人马严阵以待，可是反复折腾了几次后，就慢慢放松了警惕。最后，当隋军真正渡江突击时，陈国居然没有觉察，最后一败涂地。

但是，"若要人不知，除非己莫为"，无论怎样周密的计策，总会露出一点蛛丝马迹，如果始终保持警惕，见微知著，顺藤摸瓜，便能发现对方的真正意图。其实不仅在战争中如此，在我们日常的生活和学习中也是如此。

[**闲话人生**]……

疯子和傻子　一个心理学教授到疯人院参观，准备返回时，发现自己的车胎被人偷掉了。"这到底是哪个疯子干的啊？"教授愤愤地想着，动手拿备胎准备装上，可是却发现螺丝也不见了。正在教授一筹莫展的时候，一个疯子过来了，问发生了什么事，教授就告诉了他。疯子从每个车轮上面拧下一个螺丝，用三个螺丝将备胎装了上去。

教授非常惊奇："请问你是怎么想到这个办法的？"

疯子嘻嘻哈哈地笑道："我是疯子，可我不是傻子啊！"

[心灵捕手]……

在不疑处起疑

表面看起来无法解决的事情，真的是无法解决吗？表面看起来没有问题的地方，真的是没有问题吗？教授当然拥有比疯子更多的知识，可是他没有想到去怀疑自己"这事没法做"的判断，所以在处理轮胎这件事上，反而不如疯子聪明。

当我们对周围的一切都司空见惯时，就不会想到去怀疑，也就不会有创新；当我们对自己掌握的知识过于信任时，也就不会多问几个为什么，从而失去了学习和进步的机会。

尽信书不如无书。当我们有了一定的知识后，就要训练自己怀疑和判断的能力，面对大家都认可的知识，多问几个为什么，也许在一些小小的疑问后面，隐藏着很多知识呢！📖

[原文]······

围魏救赵　共敌不如分敌，敌阳不如敌阴。

选自《三十六计·胜战计》

围魏救赵是一种通过围攻来犯之敌的后方据点迫使其撤兵的作战方法。攻打集中的敌人，不如设法将其分散后再打，面对气势旺盛的敌人，不如进行侧面打击。

[名师讲谈]······

在三十六计中，围魏救赵是最精彩的一计，它以表面看来舍近求远的方式从事物的本源上去解决复杂的问题，从而取得一招致胜的神奇效果。

这一计来源于《史记·孙子吴起列传》中记载的齐国与魏国的桂陵之战。公元前354年，魏国派兵攻打赵国都城邯郸。赵王急忙派人向齐国求救。齐王决定出兵救赵，拜田忌为主将、孙膑为军师，让他们率齐军西进。田忌原准备直接进军邯郸，军师孙膑建议说，当前魏国的精锐部队在国外，我们不如避实击虚，挺进魏国，这样不仅可以解邯郸之危，而且可以在魏军返回救援的时候伏击。田忌依计而行，果然既解了邯郸之围，也大败魏军。

围魏救赵，关键在于攻其必救。"魏"至少要具备两个条件：一是它比赵容易进攻，否则舍赵而围魏就很困难；二是"魏"一定得是敌人的必救之处，否则就达不到救赵的目的。而这一计的主要特点在于以迂为直、避实击虚，也就是主动避开敌人的强处，攻击其弱点，这样就可以以看似遥远曲折的途径，达到最终的目的。原书按语中就说："治兵如治水，锐者避其锋，如导疏；弱者塞其虚，如筑堰。"也就是说，对敌作战好比治水，敌人势头强大，就要躲过冲击，如用疏导之法分流洪峰；对弱小的敌人，就抓住时机消灭他，就像筑堤围堰，不让水流失。

在桂陵之战中，孙膑对田忌提建议时说："夫解杂乱纠纷者不控拳；救斗者，不搏击，批亢捣虚，形格势禁，则自为解耳。"也就是说，要理顺乱丝和结绳，不能握紧拳头去捶打；排解搏斗纠纷，只能动口劝说，不能自己参与打斗。对敌人，应避实就虚，攻其要害，使敌方受到挫折、受到牵制，围困就可以自己解除。

这段话是对围魏救赵的一个形象说明，也告诉我们，有些时候我们采取迂回曲折的方式处理问题，能够用低成本、小代价得到高收益、高回报。

[闲话人生]……

两只蚂蚁 有两只蚂蚁想翻越一堵墙，寻找墙那头的食物。

一只蚂蚁来到墙角就毫不犹豫地向上爬，当它爬到一大半时，因为太累而跌落下来。但是它毫不气馁，迅速调整了一下自己，重新开始向上爬。

另一只蚂蚁到墙角下观察了一下，就决定绕过墙去。结果，这只蚂蚁很快地绕过墙来到食物前享受起来。

这时，第一只蚂蚁还在不停地跌下来又重新开始。

选择合适的方法做事

　　故事中的第二只蚂蚁绕道而走，因为它的目的是得到食物，翻越高墙只是途径之一，如果有别的更简单的途径可以达到目的，干吗非要走这条费劲的路呢？这就像在围魏救赵的故事中，"救赵"是目的，"围魏"是手段，因救赵而围魏，看似走了弯路，实则是最便捷的途径。

　　看上面的小故事时，我们可能会笑第一只蚂蚁，可是在现实生活中，我们也经常像这只蚂蚁一样，不懂得变通和迂回，用笨拙的方法解决问题，浪费自己的精力。

　　其实有些时候，选择最合适的方法，比一味地努力还要重要。人常说，条条大路通罗马，当我们在生活中或学习中碰到难以解决的问题时，一定要跳出来看看，多想一想走出当前的困境，有没有更简单的方法。

[原文]······

以逸待劳 困敌之势，不以战；损刚益柔。

选自《三十六计·胜战计》

以逸待劳是指养精蓄锐，痛击远来进犯的疲惫之敌。在战争中，迫使敌人处于困难的局面，不一定要采取直接进攻的方式，也可以采取消耗敌人力量的手段。这是从《周易》损卦象辞中"损刚益柔有时"一语中悟出的道理。

[名师讲谈]······

"以逸待劳"这一计出自《孙子兵法·军争篇》："以近待远，以佚（同逸）待劳，以饱待饥，此治力者也。"而在《孙子兵法·虚实篇》中，也谈到以逸待劳，认为先到达战地而等待敌人的就从容、主动，后到达战地而仓促迎战的就疲劳、被动。

在战争中，敌我双方的力量是相对而言、相互转化的，所以要使敌人处于困境，不一定只采取进攻的办法，只要消耗敌方的力量，我方的力量就相对增强了。其实在三十六计中，讲到消耗敌人力量的计谋还有不少。例如借刀杀人讲的就是利用矛盾，巧妙地借用第三方的力量击破敌人，达到转变敌我力量对比的目的。

古今中外的军事统帅都善于以逸待劳来克敌制胜。战国末期秦军起用已告老还乡的老将军王翦。王翦率领六十万秦军攻打楚国，楚国由项燕率四十万大军迎敌。可是王翦坚守营寨不与楚军交锋，只是专心修筑城池、坚壁固守，鼓励将士吃饱喝足，养精蓄锐。这样过了一年，楚军无奈之下只好撤退。王翦见时机已到，下令追击正在撤退的楚军。楚军猝不及防，项燕阵亡，楚军溃败而逃。

在秦军和楚军的博弈一开始时，楚军在兵力上占有优势，但是王翦知道自己的力量还不足以击败敌人，就主动退守。事实证明，运用这种主动自守的策略，己方可以养精蓄锐，同时极大地消耗敌人的力量和斗志，待时机有利时发动突然袭击，就可以轻松取得胜利。这正是以逸待劳在战争中的具体运用。

以逸待劳其实是对战争主动权的争取，所以不能把"待"字理解为消极被动地等待。使用这一计策，一定要对自己及对方的所处环境、意图，以及彼此间的实力对比了如指掌，时机不成熟时可以采取退避三舍、故意拖延等办法与敌人巧妙周旋，等到时机一到，就要转守为攻，一鼓作气消灭敌人。

[闲话人生]……

伐木的工人 有一个伐木工人在一家木材厂找到了工作。第一天，这个工人砍了18棵树。老板说："不错，就这么干吧！"工人很受鼓舞，第二天他干得更加起劲，但是，只砍了15棵树。第三天更糟，他只砍了10棵树。

工人觉得很惭愧，跑到老板那儿道歉，说自己不知道怎么了，好像力气越来越小了。老板问他："你上次磨斧头是什么时候？"

"磨斧头？"工人诧异地说，"我天天忙着砍树，哪里有工夫磨斧头啊？"

[心灵捕手]……

让自己处于最佳状态

以逸待劳这一计告诉我们，让自己各方面处于最佳状态，就可以轻松地做好该做的事情。故事中的伐木工人砍的柴越来越少，是因为他的斧头越来越钝，也就是说，他没有让自己处于最佳状态。

那么怎样才能让自己处于最佳状态呢？我们知道，琴弦绷得太紧是会断裂的，必须得适当地放松才能弹出美妙的乐曲。人的大脑也一样，在长久的学习之后，必须得有一定的休息。这样才能让自己的精神得到放松、身体得到休息，以这种最好的状态去学习和做事，自然会得到最好的结果。

我们常说，不会休息的人不会做事，也就是这个道理。不会休息的军队是打不赢战争的，不会休息的人也不会成功，当自己感觉太过疲倦时，不妨休息一下，让自己恢复到最佳状态。🔳

［原文］……

声东击西 敌志乱萃，不虞，坤下兑上之象。
利其不自主而取之。 选自《三十六计·胜战计》

　　声东击西是指表面上声张着去打东边，实际上却攻打西边。让敌方指挥失当，陷入不能继续作战的困境，犹如水位暴涨，随时有溃决之险，败局已定时，再利用敌方失去控制的时机将其消灭。

［名师讲谈］……

　　"声东击西"一词是逐步形成的，其思想可见于许多古籍中。在吕尚《六韬·文韬·兵道》中就已经有"欲其西，袭其东"的话，而在唐朝史学家杜佑所著《通典》第153卷《兵六》一章中也写道："声言击东，其实击西。"本计的特点是故意制造假象，采用灵活机动的军事行动，出奇制胜地消灭敌人。

　　声东击西最常用的一招是，向甲地发动佯攻，借机吸引敌方的注意力，待敌方把兵力调到甲地，却突然向乙地发起猛攻。其实这也是三十六计中的另一计"趁火打劫"的前一步。趁火打劫在兵法中是指趁着敌人有危机的时候，对敌人加以攻击。而敌人不可能无缘无故地有"危机"啊，有时候就需要我们运用声东击西之计，吸引其注意，让其自乱阵脚。

　　东汉末年，汉将朱隽在宛城围攻黄巾军。他指挥部队向宛城西南方向发起进攻，黄巾军仓促间将全部兵力集中到了西南进行防守。可是没想到，此时朱隽亲率五千主力，出其不意，猛攻宛城东北，攻进城去。

这一战例中，朱隽先用了声东击西之计，让敌方摸不清己方的进攻方向，所以方寸大乱，接着趁火打劫，乘机消灭敌人。从中我们也可以看到，在实际战争中，三十六计往往不是孤立使用的，而是相辅相成、相得益彰。

需要说明的一点是，声东击西之计早已被历代军事家所熟知，所以使用时必须得对敌方指挥者的情况非常了解。如果对方指挥者沉着冷静，不容易被牵着鼻子走，那就最好不要用这一计策，否则可能自受其害。

西汉景帝时，吴、楚等七国联合叛乱，大将周亚夫奉命讨伐，但是他固守城中，不与叛军交锋。当吴军向围城东南角落发起进攻时，周亚夫却下令加强西北方向的守备。果然不久吴王便派出主力进攻西北，却遭到了汉军的有力反击。原来，周亚夫已经看出吴军是在用声东击西之计，所以就先做好了准备。

防止敌方对己方施以声东击西之计，一方面，要进行换位思考，

如果敌人的所作所为与自己设想的不一样，那么就应该考虑其中是否有诈，而且，再善于伪装的敌人也会有一些破绽，只要善于观察和分析，总能看出反常之处；另一方面，必须建立首尾呼应之阵，一处受到攻击，另一处马上可以赶到救援，这样即使一时不能识破敌人的假象，也有应急之力。

[**闲话人生**]……

别被你身边的鹿戏弄　主人的两头牛走失了，他吩咐仆人出去找。可是过了大半天了，还不见仆人回来，主人就出去看仆人究竟在干什么。

在野地里，主人看到仆人正在来回瞎跑，就把他叫过来问道："你到底在干什么？"

仆人回答："刚才我发现两头鹿，您知道，鹿茸非常值钱，所以我们不必找什么牛了。"

主人问："那么你捉到鹿了吗？"

仆人说："我去追朝东跑的那头鹿，谁知它跑得比我快。不过您放心，我记得朝西跑的那头鹿的腿有点瘸，所以转过来再追它，我想我会捉到的。"

[心灵捕手]……

"击西"时不要"声东"

在战争中用声东击西这一计时，如果对方主帅明察秋毫，知道了己方的图谋，那么就可能做好部署请君入瓮，这时乱了阵脚的恐怕不是对方而是自己了，因为"声东"本身也是要耗费兵力的啊，分散了兵力，而没有达到应有的效果，那么还不如用全部兵力打攻坚战呢！

生活不是战争，我们不可能对朋友同学或同事使用兵法中所用的计谋，但是这不是说我们就不能从这些计谋中吸取经验教训。就拿"声东击西"这一计来说，我们该吸取的教训就是，要始终认清自己的目标，你的目标是"击西"，就绝不要"声东"，在战争中运用不好都会反受其害，更何况在生活中呢？

而且，我们的精力和时间是有限的，如果一会儿想干这个，一会儿想干那个，有时候还想玩点小花招，那么就很难达到自己的目标。就像在故事中的那个仆人一样，本来要去找牛，结果又想去捉鹿，最后牛没找到，鹿也没捉到，一无所获。

[原文]······

暗度陈仓 示之以动，利其静而有主，益动而巽。

选自《三十六计·敌战计》

暗度陈仓为"明修栈道，暗度陈仓"的简化，指故意采取佯攻行动，利用敌人已决定固守的时机，暗地里迂回到敌后进行偷袭，乘虚而入，出奇制胜。

[名师讲谈]······

"明修栈道，暗度陈仓"说的是楚汉相争时的故事。

刘邦派韩信从汉中进兵关中，韩信表面上假装派士兵修复栈道，暗地里却从其他道路迂回攻入陈仓，突袭咸阳，并占领了关中全部地区，为刘邦最后夺取天下打下了基础。这个故事后来就演化成了三十六计之"暗度陈仓"，现在指运用迂回战略，从敌人意想不到的地点、方向进攻。暗度陈仓和声东击西有相似之处，都有迷惑敌人、隐蔽进攻的作用，但是声东击西隐蔽的是攻击点，暗度陈仓隐蔽的是攻击路线。

出奇制胜是兵法和计谋的核心。暗度陈仓这一计就是让敌人错误地认为我们是按常规的战法作战，而实际上我们是在暗中使用奇兵，出奇制胜。另外，"暗度陈仓"还有一种含义：以迂为直。本来，韩信修好栈道之后，全军通过栈道进攻敌人是一条直而近的路，但是修好栈道需要一定的时间；同时在栈道的另一边，敌人已经派重兵防守，很难一举攻破。而绕道陈仓虽然多走一些路，但一则可以使行动立即付诸实施，二则可绕过敌人的防御，这样阻力小，用的时间也少，从效果上看大大优于出兵栈道。

在暗度陈仓这一计中，一明一暗两套办法是同时使用的，明的一套为假，暗的一套为真。不公开地修筑栈道以吸引敌人注意力，暗度陈仓就不会成功。三国时，魏蜀两国对峙，魏将邓艾屯兵在白水北岸；蜀将姜维派廖化屯兵在白水南岸。邓艾就起了疑心，断定姜维派廖化驻扎在河边只是幌子，他自己率大军去袭击洮城了。于是，邓艾带领部队抄小路赶到洮城，姜维果然准备从那里渡河。邓艾先一步赶到，据守洮城，因而洮城未被姜维攻陷。在这一战例中，姜维"明修栈道"的力度不够，而邓艾也是善于侦察和防范的人，因此堵死了陈仓之路。这也告诉我们，机械地使用某种计谋，是难以成功的。

[闲话人生]……

袋鼠与笼子 一天，动物园管理员发现袋鼠从笼子里跑出来了，于是开会讨论，一致认为是笼子的高度太低。所以他们决定将笼子的高度由原来的10米加高到20米。可是第二天，他们发现袋鼠还是跑到了外面，他们将笼子的高度增加到30米。没想到隔天，袋鼠全跑到了外面，管理员们决定一不做二不休，将笼子的高度加高到100米。

下午的时候，长颈鹿和几只袋鼠闲聊起来。

"这些人会不会再继续加高你们的笼子啊？"长颈鹿问。

"很难说，"袋鼠说，"如果他们再继续忘记关门的话！"

[**心灵捕手**]……

堵住"陈仓"之道

韩信暗度陈仓能够成功，主要在于对方在陈仓之路上没有防备。如果对方事先就堵死了这条路，或派重兵把守，那韩信就有可能陷入困境。这从反面告诉我们，懂得防范风险是多么重要。

可以说，我们的生活中会有各种风险，比如自然灾害、交通事故、生病等，这些风险中的绝大部分都不会成为事实，但当我们真正面临风险时，要防范就无从谈起了。人们常说不怕一万，就怕万一，是因为这种小概率事件，一旦发生了就很难改变。

防范风险，就要对各种风险有所了解，知道在什么情况下会发生，并防患于未然。举例来说，我们知道患感冒是因免疫力降低和感冒病毒引起的，那么平时就要锻炼身体，做好预防，这样即使无法完全地杜绝风险，也可以尽量减少风险，并让损失降到最低。这就像小故事中管理员如果了解到袋鼠跑出来是因为笼子门没关好，就可以阻止袋鼠跑出来一样。🔲

[原文]······

李代桃僵　势必有损，损阴以益阳。 选自《三十六计·敌战计》

李代桃僵原意是指李树代桃树受虫蛀，作为兵法中的计谋，比喻当局势发展到不可控制，损失已不可避免的时候，只有将损失或困难从一方转移到另一方，舍弃局部的利益，才能求得全局更大的增益。

[名师讲谈]······

"李代桃僵"一词最早出自《乐府诗集·鸡鸣》："桃在露井上，李树在桃旁，虫来啮桃根，李树代桃僵。树木身相代，兄弟还相忘！"本来比喻兄弟间应该互相爱护、互相帮助，转而比喻互相顶替或代人受过，运用到战争中，就是用甲来代替乙，或以劣势的兵力牵制优势的敌人，以便为全局争取时间或提供有利条件。

两军对峙时，势均力敌或敌优我劣的情况是很正常的，如果指挥者能够有明智的决策，常可变劣势为优势。古人云："两利相权从其重，两害相衡趋其轻。"以最少的损失去换取最大的胜利，就是李代桃僵之计的实质。三国时，曹操与袁绍的南坡之战中，曹军故意在沿途抛弃粮食、衣物，使袁军争夺，曹军趁势反击，获取大胜，就是对李代桃僵之计的运用。

李代桃僵之计在政治斗争中也经常用到，春秋时代程婴救赵氏孤儿就用了这一计。春秋时期，晋国奸臣屠岸贾捏造罪名，鼓动晋景公杀了赵氏全家。赵朔的妻子庄姬公主怀有身孕，躲进宫中，才幸免于难。屠岸贾让景公杀掉庄姬公主，但是景公下不了手。后来，庄姬生下一个男婴。屠岸贾为了斩草除根，准备杀掉这个婴儿。

程婴和公孙杵臼是赵家的门客，他们决定救下赵氏孤儿，为赵家保存血脉，报仇雪恨。两人商议后，程婴将自己妻子刚生下的婴儿交给公孙杵臼带走，然后自己去向屠岸贾举报公孙杵臼藏匿赵氏孤儿。屠岸贾迅速带兵追到公孙杵臼躲藏的首阳山，将婴儿摔死，并杀了公孙杵臼。在此期间，程婴让自己的亲信冒着生命危险将孩子偷偷带出宫，由自己抚养长大成人。十五年后，赵氏孤儿杀了屠岸贾，报了大仇。

公孙杵臼和程婴为了保留赵家的后代，一个献出了生命，一个献出了儿子，都付出了巨大的代价。难能可贵的是，他们自愿选择了牺牲来成就大义，因而让这个故事蒙上了悲壮的色彩。

[闲话人生]……

救人　在一场激烈的战斗中，上尉忽然发现一架敌机向阵地俯冲下来。上尉正要卧倒时，忽然发现离他四五米远处，有一个小战士还站在那儿。他顾不上多想，飞身将小战士紧紧地压在了身下。

此时一声巨响，飞溅起来的泥土纷纷落在他们的身上。过了一会儿，上尉拍拍身上的尘土爬了起来，回头一看，顿时惊呆了：自己刚才所处的那个位置已经被炸成了一个大坑！

[**心灵捕手**]……

做一棵快乐的"李树"

因为战争的目的是保证总体的胜利，所以李代桃僵这一计，往往以损害一部分兵力或一部分人的利益为代价，作为"李"的这一部分没有选择的权利。但在生活中，我们都有自由选择的权利，所以有些时候，出于某些原因，就要有意识地"李代桃僵"。

李代桃僵本来的意思是"虫来啮桃根，李树代桃僵"，也即在与自己休戚相关的人有麻烦、有困难时，自己主动替他承担。

当然，这不是说我们应该无原则地承揽别人的过错，因为在自己受到不白之冤的背后，肯定会有一个人逍遥法外，自己的无谓牺牲反而为他人提供了逃之夭夭的机会和条件。而是说，在清楚了双方责任的情况下，主动多承担一些后果，让大家都顺利地渡过难关。

其实，"授人玫瑰，手留余香"，当你帮助了别人，自己也会得到快乐和幸福，就像故事中的上尉，救别人，实际上也是救了自己。

[原文] ……

顺手牵羊 微隙在所必乘，微利在所必得。

少阴，少阳。 选自《三十六计·敌战计》

敌人微小的漏洞和疏忽，也要加以利用，微小的利益也要力争获得。即使是敌人微小的疏忽、过失，也要利用它来为我方的微小胜利服务。这一计是指利用敌方的间隙和薄弱之处，达到加强己方或取胜的目的。

[名师讲谈] ……

顺手牵羊作为一个成语，比喻顺便拿走别人的东西，或顺势做某件事情，也用来比喻手疾眼快，有借力使力的能力和技巧。作为三十六计中的一条，顺手牵羊则侧重在对对方薄弱之处的利用，和对时机的把握上。

古人曾说："善战者，见利不失，遇时不疑。"意思就是说，善于作战的人见到利益，不管多小都要争取；遇到合适的时机，一定要善于把握。这也是这一计中"微隙在所必乘，微利在所必得"的意思。

我国古代的另一部兵书《草庐经略》中有"伺敌之隙，乘间取利"这样的话，也是顺手牵羊的意思。在战争中，事先都要进行周密的计划和部署，一般情况下很少出现大的漏洞和失误，但是在较大的行动中，难免会出现小漏洞和小失误，对此要及时充分地进行利用。也即要学会"顺手牵羊"。

战争史上"顺手牵羊"之计，不乏其例。秦穆公攻打郑国，兵至滑国时，遇到聪明的郑国牛贩子弦高犒师。秦穆公以为郑人已有戒备，灭郑没有希望，就顺手灭掉滑国，才班师回秦。虽然秦穆公本来的目的是灭郑，但顺手牵了滑国这只"羊"，也不算白跑一趟啊！

类似的例子还有一个。春秋时，虞国国君贪图晋国赠送的玉璧，借道给晋国伐虢。结果，晋灭虢回师时，就顺道把虞国灭了。晋国先是利用了虞国国君贪图小利的"微隙"，然后又把握了"顺道"之机，从而加强了自己的力量。但是这个故事也告诉我们，在战争中，顺手牵羊、乘隙争利是应该的，但小利是否应该争取，也要进行辨别斟酌。像虞国国君一样，对玉璧这一"小利"也要贪，从而招来灭国之祸，就很划不来了。

一般在战争中能够"顺手牵羊"得到的都是很小的胜利，但是这些小小的胜利积累起来，就可以成为大的胜利。所以只要是安全的、顺手可得的小利，就一定不要放过，而且要迅速果断地获取。因为过

了这村没这店，时过境迁，易取之利会变成难取之利，可取之利会变成不可取之利。

从以上所说中我们不难发现，如何看到这些"微利"，如何得到这些"微利"，就要看将帅是不是真正地察微知著、是不是果断决策，也即是不是一个有心人。这就是"人"的问题，不是"事"的问题了。

[**闲话人生**]······

河边的苹果　有一天，一个老和尚嘱咐几个弟子到南山打柴。

弟子们领命后匆匆而去，可是到了离山不远的河边才发现，因为连日下雨，洪水从山上奔腾而下，把桥冲掉了。绕道上山要走很远，弟子们只好空着手回去。

老和尚知道缘由后也没有怪罪，就让大家都去休息。这时，一个小和尚从怀里掏出一个苹果，递给师傅，说："我们过不了河，打不了柴，但我见河边有棵苹果树，树上还有一个苹果，就顺手摘来了，您尝尝吧！"

后来，这位小和尚成了师傅的衣钵传人。

[**心灵捕手**]······

做个有心人

很多词语在长期使用的过程中，被人添加了感情成分，所以我们觉得"顺手牵羊"是不应该的、不对的，其实，如果这"羊"是没有主人的，那顺手"牵"来又有什么不好呢？小和尚虽然不懂兵法，可是他摘苹果的举动和顺手牵羊真有异曲同工之妙呢！

本来你是准备去做某件事的，可是无意中却发现当时可以顺手做另一件事，就把另一件事也做了，这就是顺手牵羊。比如说，你看一部外国电影，电影上有英文字幕，就刚好学学英语。这英语也算一只"羊"啊，在娱乐的同时学习，又何乐不为呢？

其实，如果把我们在学习中遇到的一些零碎的知识当做可以顺手牵的"羊"，更没有什么不对。比如说，你本来是在看一本文学书，可是其中讲到了物理学的知识，你顺便记了下来，事后又找资料弄懂了这个知识点，那么这知识就是你顺手牵的"羊"。

知识的积累是一个漫长的过程，它不仅仅在正规的课堂学习中，还在生活的时时处处，就看你是不是有心人。当你牵的"羊"越来越多时，你的知识也就越来越丰富了。🐏

[原文]······

打草惊蛇 疑以叩实，察而后动。复者，阴之媒也。

选自《三十六计·攻战计》

打草惊蛇的原意是蛇在草丛中，草被搅动，蛇便受惊而走。在兵法中，此计用来比喻真相不明就应查实，洞察了实情之后再采取行动。反复侦察，是实施隐蔽计谋所必需的。但是在战争中，己方巧设伏兵，故意打草惊蛇，让敌军中计的例子也层出不穷。

[名师讲谈]······

"打草惊蛇"一词出自唐代文学家段成式《酉阳杂俎》。南唐王鲁做当涂县县令时，搜刮民财，贪污受贿，引起了很大的民愤。有一次，老百姓联名控告王鲁的部下贪赃。王鲁见到状子，胆怯心虚，情不自禁地在状子上批了八个字："汝虽打草，吾已惊蛇。"此后，"打草惊蛇"一词便流传开了。打草惊蛇作为军事谋略，有三种含义，一种是打草惊醒蛇，一种是打草惊出蛇，还有一种是打草惊走蛇。

打草惊醒蛇是一种间接警告的方法。如果甲受到打击惩处，会使乙感到惊慌的话，那么我们就可以采取打击甲来警告乙的策略。这和我们常说的杀鸡给猴看是一个道理，上文中王鲁的故事就属于这一种。

打草惊出蛇也就是引蛇出洞，是一种间接的侦察方法。如果前方的道路情况不明，可能潜伏着危险，那么就不能贸然地踏过去。先通过"打草"或"投石"发出声响，让"蛇"暴露出来，就好对付了。

打草惊走蛇是一种间接驱赶的方法。为了在行路过程中不被蛇袭击，通过打路边的草来吓跑草丛中的蛇，这是一种有效而没有危险的策略。在不便或不愿与敌人直接接触，并且只需将其赶跑的时候，就可以用这种间接驱赶的方法。春秋时候，秦穆公派孟明视等三员大将统率大军偷袭郑国，当他们到滑国边界时，遇到在那里做贩牛生意的郑国人弦高。弦高听说秦国要攻打郑国，急中生智，假扮成郑国使臣，献上二十头肥牛犒赏秦军。孟明视以为郑国已经知道了秦国的意图，已经做好了迎战的准备，就放弃了攻打郑国的计划。弦高犒师，就是典型的打草惊走蛇。

至此我们也可以看出，打草惊蛇虽然是一个计谋，但是真正运用起来可以千变万化，必须根据当时的具体情况，看"打草"打到什么程度，"惊蛇"惊到什么程度，这样才能避免被"蛇"咬。

［闲话人生］……

吵架的盲人　有一个盲人性情特别暴躁，动不动就和别人吵架。如果有人不小心碰到他了，他就立刻破口大骂："我眼睛瞎了，难道你眼睛也瞎了？"人们因为他是盲人，都不怎么计较。

有一天，这个盲人乞讨了半天也没有多少收获，心里十分恼火。正在这时，突然撞到一个人身上，他立刻大骂起来："你瞎了吗？"他不知道，对方也是一个盲人，性情更为暴戾，这时也破口大骂："难道你是瞎子吗？"

两个盲人都不知道对方是失明的，互相谩骂。路上的人见了，都大笑起来。

[心灵捕手]……

学会委婉处事

故事中的两个盲人生性鲁莽，因而不辨青红皂白就互相攻击，如果在碰到对方时冷静一些，运用一些更委婉的方式，就可以避免误会，也免得被人嘲笑。在战争中，遇到潜伏着的风险时，可以用打草惊蛇之计，为什么在生活中就不能用呢？

当然，在平时的生活中，我们大多数情况下都处于安全的环境，运用打草惊蛇之计，更多的是为了让我们与他人的交往更顺畅、在办事时更加如鱼得水。

比如说，你希望别人给予你某种帮助，但是不敢确信对方是否愿意，就可以试探一下，只是说出自己面临的困难，这样如果对方有意帮忙，自然会提出，如果不愿意，也会在回答中流露出来，省得直接拒绝伤了和气。

不要觉得这是虚伪，善于试探，给别人和自己都留有回旋的余地，是一种成熟，而鲁莽的人是不会受人欢迎的。

[**原文**]······

借尸还魂　有用者，不可借；不能用者，求借。借不能用者而用之，匪我求童蒙，童蒙求我。

选自《三十六计·攻战计》

借尸还魂的原意是说已经死亡的东西，又借助某种形式得以复活。战争中往往有这种情况，对双方都有用的势力往往难以驾驭，很难加以利用，而没有什么作为的势力往往需要依赖别人，因而就有可能为我所用。将自身不能有作为的人加以控制和利用，这其中的道理正如幼稚蒙昧的人需要求助于足智多谋的人，而不是足智多谋的人需要求助于幼稚蒙昧的人一样。

[**名师讲谈**]······

借尸还魂这一计名出自道教故事中八仙之一铁拐李的传说。据说，铁拐李原名李玄，他曾经遇上太上老君而成道，一次神游时，因肉身误被弟子烧毁，游魂便附在一位饿死的人的尸身之上还魂。还魂后的李玄瘸了一条腿，挂着一个铁杖，所以被称为"铁拐李"。

作为三十六计之一，借尸还魂在军事上指善于利用一切可以利用的事物，来实现自己的军事意图。某一力量失败之后有两种情况：一种是一蹶不振，自暴自弃；另一种是永不认输，寻找机会，东山再起。本计就属于后一种。在失败之时能保持清醒的头脑，冷静地进行分析，准确地做出判断，不惜一切代价，积极主动地转败为胜。

若要东山再起，关键在于会"借"。自己的力量不足以转败为胜，就要借助一切可利用的力量。另外，也可假借他人的名义，来推行自己的战略计划。历史上常有这种情况，在改朝换代的时候，都喜欢推出亡国之君的后代，打着他们的旗号来号召天下，用这种借尸还魂的方法达到夺取天下的目的。曹操挟天子以令诸侯，也正是假借他人名义推行自己战略计划的典型。

其实，自身有能力、有作为者是不可能被借的，所以要"借"，只能从那些无能力、无作为者入手。赤壁之战后，刘备和孙权都想夺取蜀地。公元215年，曹操进攻汉中，益州刘璋集团形势危急。刘璋生性懦弱，就请刘备来帮助抵御曹军。刘备亲率数万兵马进入益州，借刘璋的势力，逐渐站稳了脚跟。不久，曹操兴兵侵犯东吴，荆州吃紧。刘备请刘璋派三万精兵带十万斛军粮前去助战，刘璋只同意派三千老兵。刘备借机和刘璋反目成仇，向刘璋宣战，吞并了益州，直捣成都，完成了占领蜀地的计划。

刘备入川，就是借刘璋之"尸"，还自己之"魂"，虽然让人觉得有点翻脸不认人，但刘璋自己引狼入室，也怨不得别人。这就是施这一计者该把握的机会。

[**闲话人生**]……

用上你全部的力量 父亲和孩子在沙滩上玩。孩子想把一块大石头推到海边去，可是，不管他怎么使劲，石头都纹丝不动。父亲说："孩子，你要用上你全部的力量！"孩子沮丧地回答："爸爸，我已经使出了全部力气。"父亲微笑着说："孩子，你没有用上你的全部力量，因为你还没有请求我的帮助呢！"

父亲走过来，使劲一推，石头就滚到了海边。

[**心灵捕手**]……

借助别人的力量

故事中的父亲形象地告诉孩子，一个人的力量是有限的，善于借助别人的力量，就可以办原来办不到的事情。

其实，善于借助外界的力量，必要的时候请求帮助是非常重要的，但并不是所有人都会这样做。

不愿意求助别人，有时候是因为自信，有时候是因为骄傲和固执。当然，人应该尽可能地单独完成自己分内的事，不要麻烦别人，但是如果确实需要别人的帮助才能完成，但硬撑着不愿意求助别人，就是自作自受了。

我们请求别人的帮助，和战争中所用的"借尸还魂"一样，都是借助别人的力量。但在战争中运用借尸还魂之计，实际是利用，用完了也就扔一边了，这是我们要避免的。我们应该对帮助我们的人心怀感激，在别人需要帮助时也伸出援手。🈸

[原文]……

调虎离山 待天以困之，用人以诱之，往塞来反。

选自《三十六计·攻战计》

调虎离山是指设法使老虎离开它所占据的深山，以便于捕获。在军事上指利用不利的天时、地理条件困扰敌人，用人为的方法诱惑敌人。我方主动进攻有危险时，就想办法让敌人来攻我。

[名师讲谈]……

调虎离山，是指将老虎从有利的环境中诱入不利的环境中，然后擒获。俗话说，"虎落平原被犬欺"，老虎的威风一是来自它自身的凶猛，二是来自它所盘踞的山势。在深山里，犬当然不是虎的对手，但平原则是犬的天下。当老虎离开它熟悉的环境，到了犬的势力范围内，就只能被犬欺负。

在军事上，调虎离山是一种调动敌人的谋略。如果敌人已经占据了有利地势，又做好了迎战的准备，我方就不能硬攻，而应该巧妙地把敌人诱离坚固的防地，引诱到对我方有利的战区，这样我方变被动为主动，就可以利用天时、地利、人和击败敌人。在《孙子兵法·谋攻篇》中，孙子认为不顾自身条件去攻城是下策，因为此时"虎"尚在"山"中。

其实，调虎离山之计除了"调虎入平原"的意思外，还有"调虎占其山"的意思。为了占领"虎"所在的山，也可设法把"虎"引开，使"山"空虚，然后趁虚而入。历史上这样的战例也不少。

东汉末年，孙策平定了长江以南地区，准备向北推进，夺取江北卢江郡。占据卢江的刘勋势力强大，野心勃勃。孙策没有取胜的把握，就施了一个调虎离山之计。他派人给刘勋送去一封信和一份厚礼，信中表示要与刘勋交好，并说一直受上缭侵扰，希望刘勋发兵帮自己降服上缭。刘勋早想夺取上缭，但畏惧孙策，现在见孙策软弱无力，真是喜出望外，亲自率领几万兵马去攻打上缭。孙策立即率领兵马，十分顺利地攻下了卢江。就这样，刘勋没攻下上缭，却被孙策占据了老巢。

我们对敌方可施调虎离山之计，在敌方眼中，我方也是可调的"虎"，那么，如何对付调虎离山之计呢？首先，我们要经得起诱惑，不要随意离"山"，也就是我们要立于不败之地。其次，虽然我们要利用有利条件，但不可过分依赖，否则一旦离开这一条件，就必败无疑。

［闲话人生］……

阳光下的小花　有一朵看似弱不禁风的小花生长在一棵高耸的大松树下。小花非常庆幸有大松树成为自己的保护伞，为自己遮风挡雨。

有一天，突然来了一群伐木工人，两三下工夫，就把大树整个锯倒了。

小花非常伤心，痛哭道："天哪，我连一点保护都没有了！以后狂风会把我吹倒，暴雨将把我打倒。"

可是小花没有想到，少了大树的阻挡，阳光照耀着它，雨水滋润着它，它的身躯长得更加茁壮了。人们看到它时，都由衷地赞叹，这朵小花长得真美啊！

[心灵捕手]⋯⋯

依靠自己的力量

调虎离山这一计谋的基础在于虎因山而增其威力，如果虎不管在山里还是在平原，都有同样的威慑力，那么调到哪儿都无所谓。

这一计谋启示我们，我们应该尽可能地利用有利的条件，但如果我们处处依赖有利条件，那么就可能会受制于这些条件，在失去时就乱了方寸。

哪些是有利的条件呢？这包括老师父母的宠爱、舒适的学习环境、优裕的物质条件⋯⋯我们往往觉得这些都是理所当然的，但实际上，外界的一切都有可能变动，就像故事中的小花可能会失去为自己遮风挡雨的大树一样，我们也可能会暂时地或永远地失去这一切，这时能够依靠的只有自身的力量。

被动地成长是一个痛苦的过程，但如果我们对此有所警觉，在平时有意识地增强自己的独立意识，减少对环境和他人的依赖，那么就会更为健康地成长。

[原文]……

欲擒故纵 逼则反兵，走则减势。紧随勿迫，累其气力，消其斗志，散而后擒，兵不血刃。需，有孚，光。 选自《三十六计·攻战计》

欲擒故纵是指为了要擒住某种东西，暂且放开它，使它不加戒备。比喻为了更好地控制某物，暂且放松一步。在战争中，对敌军逼得太紧，敌军就会竭力反扑。如果故意给敌军留一条生路，反而会削弱它的斗志。所以追击敌人时，只需紧随其后而不要过于靠近它，以消耗其体力，瓦解其斗志，待其斗志散漫时再进攻它，就可以避免流血。这和《周易》"需"卦的道理是一样的，"需"卦卦辞中说："虽然刚健，但前面有险阻，不可贸然前进，应当等待。只要有信心，最后前途一片光明，可以亨通。"

[名师讲谈]……

打仗的目的是消灭敌人、夺取地盘，如果为了逞一时之勇，逼得敌人狗急跳墙、垂死挣扎，己方损兵失地，是不可取的。所以，该擒时擒，该纵时纵，"擒"是目的，"纵"是手段，只要掌握分寸、运用得当，那么就可以以最小的代价取得最大的胜利。

欲擒故纵这一计谋，起源于《老子》和《鬼谷子》。《老子·三十六章》中说："将欲歙之，必固张之；将欲弱之，必固强之；将欲废之，必固兴之；将欲夺之，必故与之。"《鬼谷子·卷中·谋篇》中说："去之者纵之，纵之者乘之。"但一般认为，欲擒故纵这一计出自《太平天国·文书》："欲擒先纵，欲急故缓，待其懈而击之，无不胜者。"

在历史上运用欲擒故纵之计最有名的，当属诸葛亮七擒七纵孟获。诸葛亮这样做，是为了利用孟获的影响力稳住南方，并乘机扩大疆土，所以诸葛亮对孟获七擒七纵，只是为了让孟获心服，这和欲擒故纵的本意还有点不同。欲擒故纵的本意，是指要想使敌军失去战斗力，彻底被瓦解，必须示以一线生机，以便让其斗志涣散，造成更有利于我方的形势。

公元202年，曹操率领大军进攻战略要地壶关（今山西省境内）。因为该地易守难攻，再加上城中早有防备，所以久攻不下。曹操就愤愤地说："等我打下这座城的时候，要把里面的人统统活埋！"曹操的话传到城里，城里的人得知城破之后必死无疑，斗志更加旺盛，曹军更为被动了。

这时，曹操身边的曹仁献计说："古人早说，城不能围得太紧，不然城中的人就会拼死反抗，久攻不下，就会消耗我们自己的力量，不如放条生路，诱使他们投降。"曹操听了觉得很有道理，便下令放开一个缺口，让城里人出来，并传话说"降者免死"。本来

城里的人早已精疲力竭，当他们看到有了生路的时候，精神上的防线立即崩溃，纷纷出来投降。曹操很快便攻下了壶关。

曹操开始只想着"擒"，带来的却是久攻不下的结果，后来采用"纵"的策略，放松了攻势，结果瓦解了城里人的斗志，使其军心涣散，便很快取得了胜利。由此可见，暂时的放松，只要恰到好处，可能会收到更好的效果。

但是，运用此计一定要谨慎。如果敌人利用我们暂时的放纵重整旗鼓，恢复和壮大自己的力量，或选择更有利的地势，那么就有可能纵虎归山，反受其害。

[闲话人生]……

手表是怎么找到的 一个木匠干活时不小心把手表掉到满是木屑的地上，他一面大声抱怨自己的倒霉，一面拨动地上的木屑，想找出手表。许多伙伴也帮他找，可是找了半天，依然一无所获。

等这些人去吃饭的时候，木匠的孩子悄悄走进屋子里，没一会儿工夫就找到了手表。

木匠既高兴又惊奇，问孩子怎么找到的。孩子说："我只是静静地坐在地上，过了一会儿，我听到'滴答''滴答'的声音，就知道手表在哪儿了。"

[**心灵捕手**]······

以退为进

当我们做一件事时，总是希望迅速地完成，但是很多时候，却是欲速则不达，这时候，不如先向后退一步，等事情发展到对自己有利时再出击。

如果有兴趣，我们现在就可以玩一个游戏：让自己靠着一面墙，并拢双腿使劲儿往上跳，看看能不能跳起来。不行，是不是？这个游戏告诉我们，在跳起来之前，必须得有一个下蹲的过程，如果不先蹲下去，是跳不起来的。而这也告诉我们，如果你不懂得后退，那么就无法真正有效地进攻。其实这个道理是很容易明白的，但是很多时候，事到临头我们还是做不到后退一步。

有些时候，这是因为情势所迫，而有些时候是出于不愿认输、怕丢面子的心理："我是要向前走的，怎么可以往后退呢？"如果是前一种情况，那没办法，只能硬着头皮往前冲，但如果是后一种情况，就要想想自己最终的目的是什么。我们是为了走到目的地，而不是为了展示自己一直在"向前走"啊！就像在上面的小故事中，最终的目的是找到手表，而不是大家瞎忙一场。既然如此，为何不放下所谓的"面子"，轻装上阵呢？

只会进不会退，还有一种原因，那就是遇事时不够冷静，急于做点什么，而没想到去思考和分析。其实缓一缓，让自己安静下来，思虑可能会更周密，也能更好地处理事情。

[原文] ⋯⋯

抛砖引玉 类以诱之，击蒙也。 选自《三十六计·攻战计》

抛砖引玉是指抛出不值钱的砖，引来极贵重的玉。军事上常指主动给敌人一点小的好处，或用相类似的东西来诱惑敌人，使敌人上钩，乘其迷惑、懵懂之时获取大的胜利。

[名师讲谈] ⋯⋯

"抛砖引玉"一词来源于一个故事。相传，唐代诗人常建一直钦慕诗人赵嘏，但无缘当面请教。有一次，赵嘏到苏州游玩。为了请赵嘏作诗，常建先在苏州著名景点灵岩寺的墙壁上写了两句诗。赵嘏见到后，果然提笔续写了后两句，而且写得比前两句更好。后来，文人称常建的这种做法为"抛砖引玉"。

文人之间的佳话，反映出的是谦逊和才识，但当"抛砖引玉"这个词作为计谋用到军事上时，却表示通过引诱、欺骗、巧取等手段以小利谋大利的战术。"砖"和"玉"是一种形象的比喻，"抛砖"是为了达到目的所用的手段，"引玉"才是目的。在历史上，用老弱病残之兵或者遗弃粮食之类来诱敌的战术，都属于抛砖引玉。

运用此计，需要注意两点。一是你所抛的"砖"必须得是对方所急需的，否则人家不会舍得冒失"玉"之险。公元前700年，楚国用士兵假扮樵夫，让绞侯上当，轻取绞城。楚军之所以用柴草做诱饵，是因为知道当时绞城中已经缺柴。

二是必须充分了解对方将领的情况，包括他们的军事水平、心理素质、性格特征，这样才能对症下药。相传战国时，秦惠文王命人用生铁铸造了五头大铁牛放在秦蜀两国的交界上，还传言此铁牛为天降神牛，每天能拉出五斗金矢（屎），且天天不断。蜀侯听到后羡慕不已，婉转请求秦惠文王将铁牛送给蜀国，秦惠文王慷慨地答应了。但是蜀侯没想到，等到蜀国派五个大力士开通了秦蜀边界的路，将铁牛搬回蜀国时，秦军就沿着这条道路进军，攻占了蜀国的首都，活捉了蜀侯。

蜀侯不知道，这所谓的"神牛"只是秦惠文王抛出的"砖"，就因为蜀侯贪图这点小利，丢了蜀国这块"玉"，秦惠文王才是这场战争最大的赢家。

[**闲话人生**]······

两家小店　有两家卖粥的小店，每天的顾客都差不多，但晚上结算的时候，左边那个店的收入总比右边那个店的少百十元。

左边那个店的老板决定去考察一下。有一天，他扮作一个普通顾客进了右边那家小店。服务员微笑着把他迎了进去，给他盛好一碗粥，然后问："您要加一个鸡蛋，还是两个鸡蛋？"这个老板很自然地说："加一个！"说完之后，他恍然大悟，知道问题出在什么地方了。

原来，在自己店里，服务小姐一般问顾客："你加不加鸡蛋？"这样有说加的，也有说不加的。而在这个店里，人们一般回答加一个或两个，很少说不加。所以一天下来，这个店就要比自己的店多卖出不少鸡蛋。

[心灵捕手]……

巧妙地抛出"砖"

抛砖引玉作为三十六计之一，指主动地给敌人一点小的好处，使敌人上钩，借此获取大的胜利。在战争中，这是很聪明的做法，但是在生活中，如果也这样做的话，就成了狡诈了，所以我们还是得回头看它最原始的意思。

从抛砖引玉的本意来看，它指的是为了引出同道者的高论或文艺珍品，自己首先提出肤浅的见解或拿出粗糙的作品。这也许是事实，就像常建和赵嘏的故事；也许是一种谦虚的说法，比如我们经常听人说："我提出一点粗浅的见解，只是为了抛砖引玉……"但无论如何，善于发问，引导对方说出自己想要的或想知道的答案，这种做法都是我们应该学习的。

同样的事情，把握住被问者的心理，用不同的提问方式，可能就会有不同的回答，而且还不会得罪人。比如在上面的小故事中，问"加不加鸡蛋"和"加几个鸡蛋"就会得到不同的回答一样，这是需要仔细体会的。👲

[原文]……

擒贼擒王 摧其坚，夺其魁，以解其体。龙战于野，其道穷也。 选自《三十六计·攻战计》

擒贼擒王是指抓住贼中的首恶分子，在军事上指击溃敌人的主力，抓获其首领，便可瓦解其军队。这好比群龙战于郊野，无首，必然陷于穷途末路。

[名师讲谈]……

"擒贼擒王"一词出自唐代诗人杜甫的诗《前出塞》："挽弓当挽强，用箭当用长。射人先射马，擒贼先擒王。杀人亦有限，列国自有疆。苟能制侵陵，岂在多杀伤？"这首诗是针对唐玄宗李隆基无节制地对外用兵而写的。杜甫是诗人，但是其"擒贼先擒王"的警句，透露出他对我国古代军事经验的概括和他个人的军事眼光，因而难能可贵。俗话说，"打蛇打七寸"，就是说打蛇的时候要朝它的要害部位下手。"王"在这儿泛指一个组织的核心和枢纽，如能擒住，即可破坏其活动系统，最起码也能使它的内部发生变化。

其实，作为指挥者的将帅都明白擒贼擒王的道理，但能否擒到，还得看谋略。古代交战不像现在，一般是白刃相见，敌军主帅的位置比较容易判定，但是也不排除这样的情况：敌方失利兵败，主帅化装隐蔽，让你一时无法认出，这时"擒王"就得花一定工夫。唐朝安史之乱时，安禄山之将尹子奇率十万兵马进攻睢阳。当时驻守睢阳的是御史中丞张巡。两军对垒，张巡占了上风，想先制住尹子奇，却发现尹子奇已混在士兵之中，根本认不出来。张巡心生一计，让士兵用削尖的秸秆做箭射向敌军。敌军发现假箭后以为张巡军中已经没箭了，争先恐后地向主帅报告。张巡据此认出尹子奇，令手下的神箭手南霁云放箭，正中尹子奇左眼。敌军一片混乱，大败而逃。

擒贼擒王，也有提纲挈领的作用。善于张网的人，总是抓住网的总纲绳，而不去一一拿取成千上万个网目；提裘皮衣服时，提着领子上下一抖，就可以将所有的毛都理顺。不管是在战争中还是在生活中，擒贼擒王，抓住主要矛盾，次要矛盾就会迎刃而解，这也是此计的魅力所在。

[**闲话人生**]……

挂画　有人要在客厅里挂一幅画，请邻居帮忙。画已经在墙上扶好，正准备钉钉子时，邻居说："这样不结实，最好找两块木块钉在墙上，把画挂在上面。"朋友就让邻居帮忙找木块。

邻居找来了木块，可是木块太大了，他就找了一把锯子想把木块锯小。但是刚锯了两三下，他又发现锯子太钝了，于是丢下锯子去找锉刀想磨锯子。锉刀拿来了，他又发现锉刀的柄坏了。为了给锉刀换一个柄，他拿起斧头去树林里寻找小树。就在要砍树时，他发现那生满铁锈的斧头实在是不能用，必须得磨一下，于是又去找磨刀石……

邻居走后再也没有回来，画最后还是被主人挂在钉子上了。第二天，画的主人在街上见到帮忙挂画的邻居，他正在帮木匠从五金商店里往外搬一台笨重的电锯，不知道要干什么用。

[心灵捕手]……

麻烦事，简单做

故事中的邻居为了挂一幅画，引出了数不清的问题，看起来又好像是非解决不可，结果忙得一团糟，主要的原因在于他把简单的事情复杂化了。

为人处世，抓住主要问题，用最简单有效的方式去解决，是一个人头脑清楚的表现。一幅画挂在钉子上还是挂在木块上，差别不大，在此情况下，明明前者省力得多，干吗还要用后者呢？

当然，抓住主要问题，首先得知道什么是主要问题，就像"擒王"得先知道谁是"王"一样。这个小故事中的主要问题不言而喻是挂画，但是在现实生活中，情况千差万别，这就需要我们练就一双慧眼，去辨认出来。

找到了主要问题，就得集中精力去解决，擒贼擒王，一举而中，不能被无关紧要的小事情分散了精力，否则忙了半天，还离题千里，白白浪费时间。🔲

[原文]……

釜底抽薪 不敌其力，而消其势，兑下乾上之象。

选自《三十六计·混战计》

　　釜底抽薪是指用抽去锅底下柴火的办法，来止住锅内水的沸腾。在军事上一般指不靠同敌人直接交战，而是用切断敌人的供给来源、破坏敌人所依靠的有利条件，或瓦解敌人士气的办法来战胜敌人。也就是不迎着敌人的猛劲去与之硬拼，而是设法削弱敌人的气势，采取以柔克刚的策略去制服对方。

[名师讲谈]……

　　"釜底抽薪"这一词出自北齐魏收《为侯景叛移梁朝文》："抽薪止沸，剪草除根。"西汉时所编著的《淮南子》中也说："故以汤止沸，沸乃不止，诚知其本，则去火而已矣。"下面火烧得正旺，往锅中兑点凉水是不能让水温降下来的，根本的办法是去掉锅下烧火的柴，火灭了，水温自然就降下来了。柴是产生火力的根本原因，人无法接近沸水，但可以接近柴，所以釜底抽薪不仅可以从根本上解决问题，也是一种相对安全的方法。

　　此计用于军事，关键在于抓住根本矛盾。将帅准确判断，抓住一些影响战争全局的关键点，并予以控制，敌军就会自乱阵脚。三国时的官渡之战中，袁绍率十万大军攻打许昌。曹操据守官渡，兵力只有三万多人，处于劣势。两军隔河对峙，难分胜负，战争逐渐进入相持阶段。曹操探听到袁绍从河北调集了一万多车粮草，囤积在大本营以北四十里的乌巢，便亲自率领五千精兵打着袁绍的旗号夜袭乌巢，火烧袁绍大军的生命线——粮草。袁军闻讯后军心动摇，曹操乘胜进攻，大获全胜。奇袭乌巢，运用的就是典型的釜底抽薪之计。军队打仗，必须得有粮草，曹操偷袭乌巢成功，一方面使吴军粮草难以为继，另一方面削弱了对方的气势。

古人说："夫战，勇气也。"士气不是军队的实力本身，但它对实力有加强和削弱的作用。在我们暂时不能抵挡敌人的实力时，可以转而攻心夺气，使其气虚、心乱、势消，借此减弱敌人的实力。这也是釜底抽薪之计的妙用。

北宋时，薛长儒做汉州通判。有一天，数百名驻守州城的士兵突然叛变。知州和监押都不敢出面，薛长儒挺身而出，翻过破损了的营墙入营，对参与叛乱的士卒晓以利害，说："你们都有父母妻儿，为什么做出这样的事情？策划叛乱的人都站到左边，被迫跟随的站到右边！"于是，没有参与策划的数百名士兵都站到了右边，只有策划叛乱的十三个人冲出营门想逃走，结果都被抓获了。当时人们就说，如果不是薛长儒挺身而出，全城就要遭殃了。这里所用的正是攻心夺气的计谋。

我们知道，任何事物都有"标"和"本"两方面，所谓的"标"就是事物的枝节或表面，"本"就是事物的根本、根源。釜底抽薪是预防事件爆发或爆发后寻求彻底解决的一种手段，因而是一种治本的方法，可以从根本上解决问题。

[**闲话人生**]……

无法拒绝的约稿　有一个杂志的编辑是约稿的高手。

其实，这个人平时并不是能言善道的人，但是他有一个窍门。很多被邀请写稿的作家都会说："我实在太忙了！无法写稿……"这时他就说："我当然知道您很忙，正因为您忙，我才来向您约稿。那些太闲散的人是不会有好作品的。"

就用这种方式，他从未失败过。

[**心灵捕手**]……

从根本上解决问题

"釜底抽薪"用在战争或政治舞台上，是很"损"的一招，但是如果我们深入了解它的内涵，巧妙运用，则可以帮我们解决现实生活中一些棘手的问题。就像小故事中这个约稿的编辑，不自觉地运用了釜底抽薪的办法，成功"瓦解"了作家拒绝的心理，使"忙"的托辞成了无薪之釜。

其实，釜底抽薪就是一种"治本"的方法，虽然一般的问题都是从"标"上反应出来，但是真正的原因都在"本"上。所以解决问题不能治标不治本。

什么是治标不治本呢？也就是我们常说的头痛医头，脚痛医脚。其实不管是头痛还是脚痛，都有根本的原因，如果不对症下药，可能当时管点儿用，过后照样痛。

就以日常学习为例，有段时间作业中老是出错，我们就要归纳一下，这种错误是不是同样的类型，如果是，那就说明我们没有真正地掌握解决这类问题所需要的基础知识。找到了这个根源，就好办了，把相关的知识补上，以后就不会犯同样的错误。这就是"釜底抽薪"：柴没了，锅怎么还会开呢？

釜底抽薪除了能够从根本上解决问题，还会让我们"闲"下来。试想，为了让锅里的水不再沸腾，一个劲儿地加水，是没完没了的，而直接把下面的柴抽掉，就省事多了。所以，遇到事情时找出真正的根源所在，彻底地解决问题，比没完没了地面对小麻烦要容易得多。🔥

[原文] ⋯⋯

浑水摸鱼 乘其阴乱，利其弱而无主。随，以向晦入宴息。 选自《三十六计·混战计》

————————————————————

浑水摸鱼是指把水搅浑，在鱼晕头转向之时乘机把鱼捉来，比喻趁混乱捞取好处。在军事上，指乘着敌方内部发生混乱、力量虚弱且没有主见时，使他顺遂于我。这就像人们随着天时的变化，到了夜晚就要入房休息一样自然。

[名师讲谈] ⋯⋯

浑水摸鱼之计，关键是乱中取利。当战争局面混乱不定时，一定存在着多种互相冲突的力量，其中较小的力量都在权衡利弊。这个时候，聪明的将帅就要争取这些力量，增强自己实力。古代兵书《六韬·兵征》中列举了敌军的衰弱征状：军队多次惊慌，军心不一，因为对敌人估计过强而产生恐惧心理，互相说着泄气的话，谣言纷纷，不怕法令，不尊重将帅⋯⋯这时，可以说"水"已"浑"了，应该乘机捞"鱼"，取得胜利。

和此计相似的还有一计"隔岸观火"，指在敌人内部自相倾轧时，采取坐山观虎斗的态度，促使矛盾激化，等其两败俱伤时从中取利。只不过隔岸观火时，己方在安全处；浑水摸鱼时，己方也在混乱之中，需要防止自己成为别人的"鱼"。

　　三国时期，雄踞北方的曹操与孙权和刘备的联军在赤壁展开激战，最后大败而归。为了防止孙权北进，曹操派大将曹仁驻守南郡（今湖北省江陵县）。这时，孙权和刘备都对南郡虎视眈眈。

　　东吴都督周瑜率先发兵攻打南郡，却中了曹仁的诱敌之计，自己中箭而返。过了几日，周瑜营中奏起哀乐，将士们都戴了孝。曹仁以为周瑜中箭身亡，决定当夜劫营。谁知周瑜是假死，为的是哄骗曹仁上当。曹仁劫营，被东吴伏兵击败，丢下南郡，往北逃走。第二天，周瑜率大军直取南郡。没想到南郡城头布满旌旗，旌旗上写着"刘"字。原来，刘备乘周瑜、曹仁混战之时轻取了南郡。

　　刘备一直是个浑水摸鱼的高手，他得荆州、取西川，用的都是这一计谋，在取南郡这一战中，先按兵不动，后坐收渔利，真可谓老谋深算。从中我们也可以看出，运用浑水摸鱼这一计时，指挥者一定要正确分析形势，在千方百计把水搅浑的同时，还要认准自己的目标，这样主动权就牢牢掌握在自己手中了。

［闲话人生］……

富翁的难题　有个富翁有两个儿子，他一直无法决定让哪个儿子继承遗产。后来，他终于想出了一个办法。

　　有一天，他把两个儿子带到很远的一座城市，交给他们每人一串钥匙、一匹快马，看他们谁先回到家，并把院门打开进入院中。

兄弟两人几乎是同时回到家的。但是哥哥左试右试，苦于无法从一大串钥匙中找到最合适的那一把；弟弟则发现自己已经不小心把钥匙丢了。两人急得满头大汗。突然，弟弟一拍脑门，有了办法。他找来一块石头，几下子就把锁砸开，顺利进了院门。

自然，继承权落到了弟弟的手中。

[心灵捕手]……

"秀"出你自己

不管是战争中还是生活里，都会有混乱的状况发生。在战争中有"浑水"，明智的将帅要乱中取利；在生活中有"浑水"，我们要学会从中占得先机，让自己脱颖而出。像上面故事中的弟弟，在哥哥还在找钥匙时，他就果断地砸开了锁，进入了院子，从而得到了遗产。他的父亲所看重的，就是这种把握机会的勇气和果断。

俗话说，乱世出英雄。这是因为乱世中有很多机会，而所谓的"英雄"善于借助有利的形势，果断抓住机会，在别人还没有反应过来时，就已经成为时代的弄潮儿。他们身上都有一种舍我其谁的勇气，勇于表现自我，占得先机。

这种勇气也是需要在平时生活中锻炼和培养的。在需要挺身而出的时候，毫不犹豫地站出来；在面对困难的时候，要有舍我其谁的勇气。总之，要敢于承担责任和风险，"秀"出自己。当然，在这个过程中我们也要记住，生活不是战争，不能为了表现自己而将水搅浑，这是不道德的。🔲

[原文]……

金蝉脱壳 存其形，完其势；友不疑，敌不动。巽而止，蛊。 选自《三十六计·混战计》

金蝉脱壳是指蝉变为成虫时，要脱去幼虫的壳。在军事上比喻保存阵地原形，造成强大的声势，使友军不怀疑，敌人也不敢贸然进犯，从而暗中转移力量，完成奇袭别处敌军的谋略。这是从蛊卦象辞"巽而止，蛊"一语中悟出的道理。

[名师讲谈]……

金蝉脱壳是一种积极主动的撤退和转移，需要将帅认真地分析形势，准确地做出判断，摆脱敌人，转移实力。这种撤退和转移一般是在十分紧急的情况下进行的，稍有不慎，就会带来灭顶之灾。因此，金蝉脱壳的整个过程要在非常隐蔽的状态下进行，需要将帅有非常灵活的头脑。

　　宋朝时，抗金将领毕再遇率军与金兵作战。有一次，金兵调集数万精锐骑兵进犯。毕再遇只有几千人马，形势非常紧张，于是决定暗中撤退主力。半夜时分，金军听到宋营中战鼓隆隆，可等了半天也不见一个宋兵出来，就以为宋军虚装声势，不予理睬。战鼓敲了两天两夜，鼓声渐弱。金兵这才怀疑了，分路包抄上去，却发现宋军早已撤离，宋营已是一座空营。那么，战鼓是谁擂的呢？原来，毕再遇率军撤退时，将数十只羊捆住后腿吊在树上，倒悬的羊用前腿拼命地蹬踢战鼓，发出了隆隆的鼓声。这时，金兵才知道中了毕再遇"金蝉脱壳"之计。

　　金蝉脱壳是一种脱身的谋略。为了摆脱困境，把"外壳"留给敌人，自己脱身而去。留给敌人的"外壳"是一个虚假的外形，对我方的实力影响不大，却能给敌人造成错觉。在使用此计时，一定要把假象造得很逼真，否则一旦被敌人识破就很危险了。在战争中，经常用到这一计谋。诸葛亮死时嘱咐姜维秘不发丧，并造木像坐在行军的车中，就是为了迷惑魏军大都督司马懿，让其不敢追赶。南北朝时，宋军将领檀道济在被敌人围困时，命令士兵戴盔披甲，而自己身着便装坐在车上，不慌不忙地向外围进发，以至于敌人以为檀道济设有伏兵，不敢逼近，最后宋军顺利逃出包围圈。这些都是金蝉脱壳之计的成功运用。

[**闲话人生**] ⋯⋯

最好的门　有一个木匠用很好的木料给自己家做了一扇门，门的做工非常精良，几乎无可挑剔。

　　很多年后，门上的一块板快掉了。木匠用钉子钉牢，门又完好如初；后来又掉下一颗钉子，木匠又换了一颗钉子；再后来门闩坏了，木匠又换了一个门闩……就这样，这扇门虽然无数次地破损，但经过木匠的精心修理，仍然坚固耐用，木匠对此很自豪。

忽然有一天，一个邻居对他说："你还是木匠呢！怎么自己家的门这么破旧啊？"木匠这才注意到邻居家的门一扇扇样式新颖、质地优良，而自己家的们却又老又旧、满是补丁。

[心灵捕手]……

不断超越自我

作为三十六计之一，金蝉脱壳强调的是在敌人没有发觉的情况下脱身而走，在敌强我弱的情况下，这是很管用的一招。在生活中，我们能否也试着用用"金蝉脱壳"呢？当然，这不是为了欺骗别人，而是为了超越自我。

在上面的故事中，木匠自己家的门之所以又破又旧，就在于他太留恋自己的"得意作品"了，这样就缚住了手脚，轻者，拥有一扇破旧的门；重者，过着一种不如意的生活。这就和"金蝉"不愿意脱壳的结果是一样的。

我们要学会不断地超越原来的自己，从原来的"壳"中走出来，让自己更加美丽。这个"壳"有可能是我们旧的思维方式和习惯，也有可能是我们昔日的荣耀。当然，这种蜕变是一个痛苦的过程，会充满留恋和不舍，但是如果只有通过这个方式才可以获得一个全新的自己，我们又有什么不可舍弃的呢？

[原文]……

关门捉贼 小敌困之。剥，不利有攸往。

选自《三十六计·混战计》

关门捉贼是指当盗贼进屋偷东西时，要关上门使其无路可逃。在军事上，是指对弱小的敌人要加以包围、歼灭，如果纵其逃走而又穷追远赶是很不利的。这是从《周易》剥卦卦辞"剥，不利有攸往"一语中悟出的道理。

[名师讲谈]……

关门捉贼这一计中的"贼"，一般指为数不多而灵活机动的小股敌人。这些敌人数量不多，但破坏性却很大，如果让其逃脱后再追赶，一怕敌人拼命反扑，二怕中了敌人的诱兵之计，所以应该采取包围歼灭的计谋。兵书《吴子》中，也特别强调不可轻易追逐逃跑的敌人。吴子打比方说，一个亡命之徒隐藏在旷野里，你派一千个人去捉他，也很难捉到，这主要是怕对方突然袭击自己。要知道，如果一个人玩命不怕死，就会让一千个人害怕。

其实，"关门捉贼"也就是我们常说的围歼战、口袋阵。古今中外战争史上使用这一计的非常多，就我国古代战争史来说，使用此计的著名战例，较早的有孙膑庞涓马陵道之战、秦赵长平之战、楚汉垓下之战等，此后使用此计消灭对手的战例就更多了。关门捉贼这一计如果运用得好，不仅可以捉"小贼"，还可以捉"大贼"，也即敌人的主力部队，如秦赵长平之战就是如此。

战国后期，秦国攻打赵国。秦军在长平关和赵国名将廉颇率领的赵军对峙。两军相持四个多月，秦军仍攻不下长平。后来秦王巧用离间计，让赵王用青年将军赵括替换了廉颇。赵括改变了廉颇固守不战的策略，主动与秦军决战。秦将白起故意让赵军取得了几次小小的胜利。赵括得意忘形，指挥赵军攻击秦军。他哪里知道，秦军用的是诱敌之计。这一战，赵国四十万大军被秦军团团围住，一连围困了四十六天。赵括突围时中箭身亡，四十万大军被秦军尽数杀戮。

长平之战中，秦军围困的赵军已经不是小股敌人了，可是尽管人数众多，但主将赵括实战经验不足，只会纸上谈兵，所以仍是弱敌。否则，把"强贼"围在屋里，一定会把家里闹得天翻地覆、墙倒门破。

运用关门捉贼这一计还有一点需要注意，即一定要找准"关门"和"捉贼"的时间、地点。这时间、地点既要有利于我方集中优势兵力，又要有利于全歼敌人。

[闲话人生]……

把鸡关进笼子　自从布劳斯太太搬到汤姆家隔壁，汤姆家的花园便遭了殃，因为随布劳斯太太一起来的还有一群鸡。

汤姆已经跟布劳斯太太说过很多次了，让她请工匠做一个鸡笼。可布劳斯太太总是说，等她的丈夫有时间了就会亲自做一个。转眼几个月过去了，布劳斯太太依然没有将鸡笼做好。

这一天，汤姆突然发现布劳斯太太居然将鸡笼做好了。他对妻子安娜说："感谢上帝，他终于赐给布劳斯太太的丈夫时间了。"

安娜说："不，不是上帝，是我让他做的鸡笼。"汤姆瞪大了双眼："你怎么做到的？"

"很简单，我每天早上都会在咱们家的花园里放上几个从市场里买回来的鸡蛋，然后又当着布劳斯太太的面将鸡蛋捡回来。"安娜笑着说。

[心灵捕手]⋯⋯

引敌出洞，一举歼灭

"关门捉贼"作为一个古老的计谋，其核心在"关"。可是，如果敌人不进门，又该如何？方法很简单，就一个字：诱。白起假意送给赵括的几个小胜利就是"诱"的最好体现。同样，关于这个"诱"字，安娜也运用地恰到好处。你不是不做鸡笼吗？那好，我就当着你的面天天捡鸡蛋，让你迷惑、不安。果然，布劳斯太太中计了，乖乖做好了鸡笼。

平时，在学习和生活中我们也会遇到很多困难，从某个方面说，这些困难就是我们的"贼"。那么，如何防止这些"贼"的入侵，我们不妨也用"诱敌歼灭"的手段。说起来并不难，首先正视这个敌人及它会给你带来的危害，不要再将它隐藏，让它真正从心底浮出水面，这可以说是"诱"，然后集中精力，彻底解决它。

[原文]……

远交近攻 形禁势格，利以近取，害以远隔。
上火下泽。 选自《三十六计·混战计》

　　远交近攻是指结交远方的国家，进攻邻近的国家。这是一种为分化瓦解敌方的联盟而采取的计谋，主张受到地理形势的限制时，攻取附近的敌方，就有利；攻击远方的敌方，就有害。这是从《周易》睽卦象辞"上火下泽，睽"一语中悟出的道理。

[名师讲谈]……

　　"远交近攻"一词出自《战国策·秦策》。范雎对秦昭王说："王不如远交而近攻，得寸，则王之寸；得尺，亦王之尺也。"也就是说，与离得远的国家订立盟约，减少敌对国家，而对离得近的国家抓紧进攻，这样得一寸土地就是一寸，得一尺土地就是一尺。秦昭王采取了范雎的建议，此后，远交近攻便成为秦逐步并吞六国的基本国策，并最终达到了统一天下、建立大一统帝国的目的。

　　范雎建议秦昭王远交近攻，就是把地理位置的远近作为结交或攻击的依据，它的道理是很清楚的。由于敌人所处的地理位置、客观条件不同，因而对我方的意义也不同。进攻远处的国家，出兵少了，不能给对方造成致命的伤害；出兵多了，劳师远征，又会给自己造成重大的损失。更何况，即使攻占了远处的国家，中间还隔着别的国家，管理也不是很容易，何不就近攻打邻国呢？

其实，古代国家之间战争频繁，所以所谓远交，也绝不可能是长期和好。消灭近邻之后，远交之国又成了近邻，新一轮的征伐也是不可避免的。所以所谓的远交，实际上是一种为避免树敌过多而采用的外交诱骗。

和三十六计中其他计谋略不同的是，远交近攻这一计谋不仅可以用在军事上，很多时候，它还是一种政治手腕，可以为国富民强而做准备，如黄袍加身登上帝位的赵匡胤就成功地运用了这一计谋。

赵匡胤上台后，先杯酒释兵权夺去了帮自己登上帝位的开国元勋的兵权，并依据宰相赵普提出的"削夺其权，制其钱谷，收其精兵"的十二字方针，分别从政权、财权、军队这三个方面来削弱藩镇，以达到强干弱枝、居重驭轻的目的。这一切都是近攻。

与此同时，赵匡胤十分注意发现人才，起用了很多没有资历但有才学的人担当重任，这也相当于远交。陈桥兵变时，陈桥守门官忠于后周，闭门防守，不放赵军通过。赵军改走封邱，封邱守门官开门放行。赵匡胤当皇帝后，杀了封邱守门官，起用了陈桥守门官。一次赵

匡胤宴请群臣时，翰林学士王著喝醉了酒，当众痛哭后周故主。有人上奏说应当严惩。赵匡胤没有惩罚王著，说："在世宗朝，我和他同为朝臣。一个书生哭一哭故主，没有什么关系，就让他哭吧！"

赵匡胤的近攻，有效地抑制了功臣和皇亲国戚势力的不良发展；远交则笼络了大批人才，宽松的政治气氛和社会环境促进了国家的发展。其实，历史上还有很多国君运用过这种远交近攻的谋略，只不过使用政治手腕不像战争胜负那样取得立竿见影的效果而已。

[**闲话人生**]……

如何跑完全程　1984年东京国际马拉松邀请赛中，名不见经传的山田本一获得了世界冠军。让人震惊的是，两年后的意大利国际马拉松邀请赛中，他再次获得冠军。

山田本一是怎样获得成功的呢？在接受记者采访时，他回答说："每次比赛前，我都要乘车把比赛的路线仔细看一遍，并在纸上记下沿途所有醒目的标志，比如第一个标志是一座漂亮的房子，第二个标志是一棵大树……比赛开始后，我就以最快的速度冲向第一个目标，接着又以同样的速度向第二个目标冲去。每当我达到了一个目标，就知道自己离最终的目标更近，不知不觉中就跑完了全程。"

[心灵捕手]······

一步步实现目标

在远交近攻这一计中，"远交"和"近攻"是相辅相成的，"远交"是为"近攻"做准备，而"近攻"则让"远交"的对象变成"近攻"的目标。但无论如何，结交离得远的国家，让其成为盟友，以便没有祸患地"近攻"，一步步地扩充自己的领土，是确定无疑的。

在战争中，到手的胜利才算胜利，在生活中又何尝不是如此呢？不管我们的目标有多么高远，都得一步步实现，光是看着远方的绮丽风景，而不迈出坚实的步伐，是永远也走不到终点的。在学习中，不好高骛远，而是由近及远，步步为营；在人生目标上，一个接一个，逐步实现；在进入一个陌生的环境时，一点点地打开局面……这都是"远交近攻"在生活中的具体运用。

其实，一步步地实现目标，也更为省力。就像连获两次国际马拉松比赛冠军的山田本一一样，把全程分割为一个个小目标，就可以很容易地跑完全程。因为当你达到一个小目标时，知道自己离最终的目标又近了一步，这样对接下来要干的事情也会更有信心。

当然，如果在"近攻"的时候，有意识地"远交"，扫清前方道路上的障碍，那就更好了。

[原文] ······

指桑骂槐 大凌小者，警以诱之。刚中而应，行险而顺。 选自《三十六计·并战计》

指桑骂槐是指表面上指着桑树叫骂，实际上是在骂槐树。在军事上指用警告、诱迫等暗示手段达到统领部下和树立威信的一种谋略。兵家认为，凭借强大的实力去控制弱小者，需要用警戒的方法去进行诱导。这就像《周易》师卦所说的：适当地运用刚猛阴毒的办法，可以赢得人们的归顺，获得最后的成功。

[名师讲谈] ······

指桑骂槐这一计既可对外，也可对内。对外，是指运用这种政治和外交谋略，"指桑"而"骂槐"，对敌方施加压力，配合接下来的军事行动。对内，是指在管理手下部将时，采用杀鸡儆猴或杀一儆百的方式，警告那些不服从自己指挥的人。

我们先说对外。其实，在对外的军事行动中使用指桑骂槐这一计，大多是针对弱小的敌人或比自己稍强的敌人的。对那些弱小的对手，用这种间接的警告方式，就可以不战而胜；对于比自己稍强的对手，也可以旁敲侧击地威慑。春秋时候，齐国的宰相管仲为了降服鲁国和宋国，就用了此计。他先攻下弱小的遂国，鲁国就害怕了，于是和齐国联盟。而宋国见齐鲁联盟，也只得认输求和。

在对外的军事行动中运用指桑骂槐这一计，是为了保存自己的实力，以最小的代价战胜对方。不过在历史上，指桑骂槐之计多用来统一号令，严明军纪，以提高部队的战斗力。春秋末期，晋国和燕国进攻齐国。齐景公派田穰苴为将军，抗击晋、燕大军。田穰苴是平民出身，他怕自己人微权轻，士兵不服，就请景公派一位宠臣做监军。景公派了庄贾。田穰苴与庄贾约定，第二天中午在军营门口相见。第二天，田穰苴早早就到了军营，可是庄贾直到黄昏时才匆匆赶到。田穰苴不顾景公的求情，按军法把庄贾斩首示众。

　　田穰苴所用的，是典型的指桑骂槐之计。全军将士看到连景公的宠臣违反军令，田穰苴都照罚不误，谁还敢不服从号令？再加上田穰苴爱护士卒，与之同甘共苦，齐军士气大振。晋、燕听说后，急忙撤军。齐军乘胜追击，收复许多失地。

[**闲话人生**]……

请客　有个人请了四个朋友到家吃饭。三个人准时到了，一人迟迟不来。主人有些着急，不禁脱口而出："真急人！怎么该来的还不来呢？"一个客人很不高兴，对主人说："你说该来的还不来，意思是我们都是不该来的，那我告辞了！"说完，他就气冲冲地走了。

　　一人没来，另一人又赌气走了，主人急得又冒出一句："真是的，不该走的却走了。"剩下的客人中的一个嚷了起来："照你这么说，该走的是我们啦！好，我走！"说完，他也拂袖而去。

主人急得如热锅上的蚂蚁，不知所措。最后剩下的这个客人劝主人说："你说话应该留意一下，你看大家都被你气走了。"

主人很无奈地说："他们全都误会我了，我根本不是说他们。"最后这位朋友一听，大怒道："什么？你不是说他们，那就是说我啦！"

说完，这个人也铁青着脸走了。

[心灵捕手]……

说话也是一门艺术

指桑骂槐不仅可用于军事，也可用于生活。比如说，某个同学调皮捣蛋，老师很严厉地批评了他，也许这个同学感觉有点委屈，为什么这么兴师动众啊！其实，老师这种做法和"指桑骂槐"的道理是一样的。这样可能这个同学有点"亏"，但在不让大家都感到受批评的情况下都接受了教训，也是很好的事啊！

如何巧妙地说话是一门艺术。本来是批评，如果巧妙地说，可能既起到批评效果，又不伤人，但如果不懂得这种艺术，就很容易让人误解。像故事中的这个主人，他本来的意思肯定不是想把所有客人都赶走，但是却得罪了所有的朋友，这真是很划不来的事！

如果你想成为一个善于说话的人，就要做个有心人，仔细地辨别什么场合该说什么话、什么时间该说什么话，对什么人说什么话，说到什么程度……这可真是一门大学问呢！

［原文］……

假痴不癫 宁伪作不知不为，不伪作假知妄为。
静不露机，云雷屯也。 选自《三十六计·并战计》

假痴不癫指表面上装作痴呆，而内心却非常清醒。在军事上指为了麻痹对方或为了隐瞒自己的实力伪装笨拙，但是行动起来极其诡秘。这是从《周易》屯卦象辞"云雷，屯，君子以经纶"一语中悟出的道理：宁可假装着无知而不行动，不可以假装知道而去轻举妄动，要保持沉静而不泄露任何心机。

［名师讲谈］……

假痴不癫一计，是从 "装疯卖傻" "装聋作哑" 等民间俗语转化而来的，这一计重在一个"假"字。在条件不利的情况下，暂时隐藏自己的锋芒或才能，故意装作愚蠢、呆痴，行"韬晦"之计，从而保存自己，以伺时机战胜对手。传说中的"箕子佯狂"就是运用此计的一个典型。

殷商时期，纣王的太师箕子因无法劝说纣王放弃暴政，便佯装痴傻。一次，纣王喝得酩酊大醉，连年月日都忘记了，便问周围的人。大家因畏惧纣王凶残，都跟着说不知道。于是，纣王便派人去问箕子。箕子想了一下，也说不知道。左右的人感到很奇怪，就问箕子，你明明知道，为什么也说不知道。箕子说：一国的人都因害怕纣王而说不知道，唯独我说知道，那我不是活得不耐烦了吗？箕子这种假作不知、假作不为的做法，会给人一种与世无争、软弱无能的印象。这样就避免了引起注意，不使人把自己当做直接的、主要的竞争对手，用装糊涂来躲过灾难。

在历史上，假痴不癫之计还经常用来治理军队。《孙子兵法》中说："愚士卒之耳目，使之无知。"这也就是所谓的愚兵术。之所以要"愚士卒之耳目"，一是为了保守军事机密，因为机密的军事情报是不可能"广而告之"的；二是为了稳定军心或提升士气，在特殊情况下不让士兵知道实情，或玩一些花招。

宋代将领狄青在攻打壮族起义军首领侬智高时，预先悄悄命人做了一百枚两面都是正面的铜钱。出兵时，他祈祷神灵，如果一百枚铜钱掷出，全是正面，那么此战一定能大获全胜。狄青亲手撒下铜钱，全部是正面。士兵欢声雷动，士气高昂。狄青命人用钉子把这些钱钉牢，盖上青纱，亲自封好，说等胜利回来再酬神取钱。这一仗狄青果然胜了，回来后，他命人揭开青纱取钱，大家一看才恍然大悟。狄青这一招，用的就是假痴不癫之计。

[**闲话人生**] ……

蜜蜂和苍蝇　如果把同样数目的蜜蜂和苍蝇都装进一个玻璃瓶中，然后把瓶子平放到桌上，瓶底朝着窗户，蜜蜂会不停地想在瓶底找到出口，直到力竭而死或饿死；而苍蝇呢，则会在不到两分钟的时间内穿过另一端的瓶颈逃逸一空。

蜜蜂以为，"囚室"的出口必然在最亮的地方，而它们也从没在自然界中遇到过这种不可穿透的"大气层"，于是就不停地重复着它们认为合乎逻辑的行动。它们的智力越高，这种奇怪的障碍就越显得无法接受和不可理解。苍蝇则对事物的逻辑毫不留意，全然不顾亮光的吸引，四下乱飞，结果误打误撞地碰上了好运气。

[**心灵捕手**] ……

不要成为出头的椽子

假痴不癫，本来是指为了达到某种目的，故意装糊涂。不过，就日常生活来说，非以装傻充愣来对付的危险毕竟很少，大部分情况下，我们还是需要以真面目示人。但我们常说"木秀于林，风必摧之"，你超出别人太多，就难免引人嫉恨，招来祸患。这时适当地学学"假痴不癫"，不要成为出头的椽子，可以避免成为别人主要的竞争对手。

才智很高而不露锋芒，表面上看就好像很愚笨，这样可以避免卷进无谓的竞争和消耗，自然就轻松很多，也能有更多成功的机会。没头脑的苍蝇不顾逻辑地乱闯，都能找到出口，更何况有才智而又舍弃小聪明的人呢？

[原文]……

走为上计 全师避敌。左次无咎，未失常也。

选自《三十六计·败战计》

走为上计，是指在敌我力量悬殊的不利形势下，采取有计划的主动撤退，避开强敌，寻找战机，以退为进。原文说，为了保全部队的实力，实行撤退也没有什么过错，因为这是用兵的常道。

[名师讲谈]……

我们常说，"三十六计，走为上计"，其实这句话的原话为"檀公三十六计，走为上计"，出自《南齐书·王敬则传》。我们一般把"三十六计，走为上计"理解为"走"在三十六计中是上计，其实这一计的真正意思是说，在敌强我弱的情况下，我方有求和、投降、死拼、撤退等多种选择，在这些选择中，"走"是最好的选择。为什么呢？留得青山在，不怕没柴烧啊！

在实在打不过敌人时，暂时撤退保存实力，以期卷土重来是一种明智的选择。唐朝诗人杜牧曾做过一首诗《题乌江亭》，写的是西楚霸王项羽："胜败兵家事不期，包羞忍耻是男儿。江东子弟多才俊，卷土重来未可知。"意思是说，如果项羽能够忍得一时之耻，东渡乌江，或许还可以卷土重来，改写历史。

走为上计，有时是被动地撤退，有时只是以退为进。比如在城濮大战之前，楚庄王发兵攻打庸国，一时难以取胜。楚将师叔一边调集主力大军，一边佯装败退。庸军七战七捷，不由得骄傲起来，慢慢放松了戒备。这时，楚庄王率领增援部队赶来，下令兵分两路进攻庸国，很快就获得了胜利。

　　除了被动撤退、以退为进的意思外，走为上计还有急流勇退的意思。由于人性本身的弱点，人很难割舍既得利益，常常是"身后有余忘缩手"，如果不下决心，就会给自己带来祸患。春秋末期，越国被吴国打败，范蠡和文种等谋臣协助越王勾践发愤图强，灭掉越国。但是之后，范蠡就带了大批珍宝隐居去了。后来，他还托人带信给文种，让他功成身退。文种没有听，最后果然被越王逼死。

　　走为上计是三十六计中的最后一计，其目的是保存自己实力。从上述论述中我们可以看出，计谋是死的，人是活的，何时走、怎样走，都需要随机应变，正所谓"运用之妙，存乎一心"。

[**闲话人生**]······

你所有的一切都还在　　一个人家里失火，失去了所有的财产，他向一个朋友倾诉："一切都完了，我失去了一切，一无所有了！"

朋友说："你的眼睛还看得见吗？"他说："看得见啊！"

朋友接着问："你还能走路吗？""当然可以！"这人有点生气了。

朋友又问："你也听得见，是不是？"这人不解地反问道："我肯定听得见，要不就没法和你交谈了。不过你问这个干什么？"

这时朋友才笑着说："那么，你所有的一切都还在，你所失去的不过是钱罢了。"

[**心灵捕手**]……

生命之树常青

走为上计是兵法，但其中有一点值得我们记取，那就是"留得青山在，不怕没柴烧"。什么是"青山"呢？简单地说，就是我们自己。人生中难免会遭到天灾人祸，遇到看似走不出的困境，但只要我们还保留着东山再起的勇气，那么就会重新得到失去的一切。

故事中家里失火的人，损失的其实只是物质，但是刚开始时他以为自己已经一无所有。其实，我们会失去的东西大多数都是身外之物，如金钱、权势、一时的荣耀等，这些东西你生不带来、死不带去，有的时候淡然面对，失去的时候也不用追悔莫及，这样它们就不会成为你的困扰了。

但是，还有一种"损失"，接受起来更为困难，那就是因为某些原因突然导致的身体的残疾。这时候，我们也得坦然面对，即使"柴"少一些，但"青山"还在，生命还在，就是一件值得庆幸的事情啊！

图书在版编目（CIP）数据

《孙子兵法》与《三十六计》中的大智慧／龚勋主编．—汕头：汕头大学出版社，2012.1（2021.6重印）

ISBN 978-7-5658-0416-8

Ⅰ．①孙… Ⅱ．①龚… Ⅲ．①兵法－中国－古代－少儿读物 Ⅳ．①E892.2-49

中国版本图书馆CIP数据核字（2012）第003429号

《孙子兵法》与《三十六计》中的大智慧

SUNZI BINGFA YU SANSHILIU JI ZHONG DE DA ZHIHUI

总 策 划	邢 涛	印 刷	唐山楠萍印务有限公司	
主 编	龚 勋	开 本	705mm×960mm 1/16	
责任编辑	胡开祥	印 张	10	
责任技编	黄东生	字 数	150千字	
出版发行	汕头大学出版社	版 次	2012年1月第1版	
	广东省汕头市大学路243号	印 次	2021年6月第7次印刷	
	汕头大学校园内	定 价	34.00元	
邮政编码	515063	书 号	ISBN 978-7-5658-0416-8	
电 话	0754-82904613			